JN437992

변증법의 그늘

변증법의 그늘

심미안

들어가며

한쪽에선 사라지고(성경의 단) 한쪽에선 시작하는(단군신화) 전혀 연관되지 않는 기록의 경로가 이 여행이다. 이미 질서가 무너진 상황에서 단이가 떠난 것이라면 그것은 엄청난 트라우마를 갖고 시작하는 개국일 것이다.

그리고 이 상상력에 힘을 실어준 것은 물동이를 이고 장사할 때 베옷을 입는 지리적으로 우연이라고 하기에는 힘든 이스라엘과의 풍속의 유사성이고 오로지 우리 민족의 음성(지혜)을 해독함으로 가능했음을 밝혀둔다.

차례

막내, 단이

셋째의 눈과 다섯째의 다리를 잃은 맏형은 아직 어린 단이를 데려오도록 했습니다. 길고도 끊이지 않는 싸움 이후였습니다.

"공부는 잘 하고 있느냐?"

맏형의 물음에 어린 나이에도 시종의 도움을 물리치고 정중히 꿇어앉으며 단이는 말했습니다.

"스승의 가르침이 깊고 오묘하여 하늘을 날 만큼 정신은 융숭해지나, 형들이 치루는 전쟁을 생각하면 어서 칼을 잡을 수 있는 나이가 되기를 바라고 있습니다.

맏형은 대견한 눈빛을 지으면서도 단이가 걸어갈 운명을 생각하며 한숨을 지었습니다. 그리고는 모든 형제들과 식솔들을 한자리에 불러 모았습니다.

"큰집의 아비가 장자의 권위를 잃은 딸을 참수한 이후, 우리는 두 아버지가 존재할 수 없는 하늘 아래 전쟁의 고초를 겪고 있다. 이는 이미 우리의 뜻과는 무관하게 이루어진 일이고 그 운명 아래 우리는 너무 많은 피를 손에 묻히고 있다. 우리 스스로 우리를 구원할 수 없음이라, 이제 아직 손에 피를 묻히지 않은 단이를 먼 곳에 보내 훗날 구원의 증표로 삼으려 하노라."

파문이 내려진 것처럼 단이는 부들부들 떨었고 둘째가 말했습니다.

"우리에게는 더 많은 일족을 이뤄 이미 한 하늘 아래 살 수 없는 것이라면 완전하고 강한 승리를 이뤄야지 먼 곳에 보내 무엇을 이루려 하신단 말씀입니까?"

한참 후에 웅성거림이 잦아진 다음에 만형은 입을 열었습니다.

"잃어버린 낙원을 생각해 보라! 물, 불, 흙, 공기에 대한 애정이 질서를 이뤄 운명과 신을 사랑할 수 있었고 정의가 단단했으며 그 토대에서 관용이 싹트고 마땅히 소통이 이루어졌느니라, 하지만 질서를 잃어버린 우리는 신에 대한 제사를 더 이상 드릴 수 없는 고작 다섯째의 서열인 남녀 간의 애정의 즐거움 속에서 하늘과 소통할 수 없는 전사만을 길러내고 있느니라……

이제 단이는 지금까지 우리에게 충성스러웠고 앞으로 단이의 제국에 헌신할 농부와 상인, 장인과 함께 우리가 준비할 수 있는 예물과 더불어 가능한 먼 곳에 가서 아버지의 기억을 송두리째 당연히 형들에 대한 기억도 버리고 낙원에서 있었던 사랑의 질서로 새 시조가 되거라……, 널리 인간을 이롭게 함이니라."

단이는 엎드린 그대로 고개를 들어 형을 향해 말했습니다.

"저는 아직 어리고 그 기억이 세월을 견뎌 다시 귀환할 수 있을지 확신하기도 어려우니 저도 그대로 전사로 키워지도록 허락하소서."

"손에 피가 묻은 우리는 자격을 잃었느니라. 오로지 너만이 할 수 있고 귀환의 때는 나도 짐작할 수 없으니 오로지 하늘의 간섭을 기원할 따름이다. 내일은 전쟁에 나서지 않고 연회를 베풀어 너와의 이별을 통곡할 것이니 형들이 취해 잠이 들거든 매정히 떠나라. 잠이 깨어 너를 본다면 단칼에 목을 벨 것이니라."

나는 하늘에서 왔어요

다섯쯤 되었을 거예요.

나는 내가 어디서 왔는지 너무도 궁금해 엄마한테 물었어요.

"엄마 나는 어디서 왔어요?"

엄마는 괜히 놀라고 당황해서는

"할아버지 계시는데 못하는 소리가 없어."

그리고는 눈까지 살짝 화난 것처럼 치켜뜨셨고 할아버지는 정말 내가 물어서는 안 되는 소리를 했나 헛기침을 하시고는 밖으로 나가셨어요. 그러는 바람에 나는 더욱 궁금해져 광주리에 담긴 엄마 손을 흔들며 '난 어디서 왔어?' 소리 높여 물었어요. 그러자 엄마는 마지못해 가르쳐 주는 것처럼 통명스레 "너 다리 밑에서." 그리고는 어이없다는 웃음을 지으셨어요. 나는 다리 밑 그러면 도대체 어느 다리 그래서 다시 물었지요. '어느 다리' 엄마는 잠시 어디였는가 생각하시는 듯하더니

"너는 거지들이 사는 다리 밑에서 주워 왔어."

나는 믿을 수 없는 현실 앞에 더욱 소리를 질렀어요.

"정말?"

"그래, 정말!"

엄마는 표정까지 정색을 하고는 끝까지 내가 거지들이 사는 다리 밑에서, 그것도 주워 왔다고 했어요.

나는 내 처지가 한없이 딱하고 가여워 눈에 눈물을 그렁그렁 달고 나왔는데 할아버지는 마당의 풀을 뽑고 계셨어요.

나는 감히 할아버지에게 내 처지를 말할 수 없어 꺼이꺼이 목울음을 울었는데 할아버지는 고개 숙인 내 얼굴을 세우시고는

"아가야! 왜 우느냐?"

새하얀 덧버선처럼 보드라운 목소리에 용기를 내어

"나는 거지들이 사는 다리 밑에서 주워 왔대요."

"뭐야, 어떤 고얀 놈이 감히 그런 소리를!"

쇠스랑처럼 굵고 날카로운 호통에 용기를 얻어 엄마가 있는 곳을 가리키기까지 하면서 "엄마가요." 단 한 번의 고민도 없이 엄마를 고해 바쳤어요.

할아버지는 내 눈에 달려 있는 눈물을 닦아 내시고는 나를 번쩍 들어 "아니다 아가야, 우리 아가는 하늘에서 할아버지에게 보내주신 거야."

나는 너무도 기쁘고 반가워 할아버지 얼굴에 가까이 다가가 "정말" 다시 확인했어요. "그럼 정말이고말고."

"그럼 엄마 혼내 줄 거야."

"혼내고 말고 아주 크게 혼낼 것이니 너는 안심하고 하늘

에 가서 놀거라."

하지만 꽃분이를 불러 놀러 나가려다 너무도 분해 엄마에게 달려가 엄마가 일하는 광주리를 몸으로 덮고는 "엄만 왜 거짓말 했어, 할아버지가 나는 하늘이 보내주셨대." 엄마는 잘못했다는 표정은 없이 내가 성가신지 또 아까처럼 퉁명스런 목소리로 "그럼 그래라." 그리고는 내가 방해하는 틈새에서 일감만을 가져가고 계셨어요.

나는 엎드린 채로 엄마 눈을 똑바로 쳐다보며

"엄만 바보야!"

일감은 계속 쥐고 있던 엄마는 그제서야 잠시 멈추고

"그래 엄만 바보니까 그만 가서 놀아."

그리고는 짓는 미소가 정말 바보처럼 너무도 밝았어요.

나는 누구도 거스를 수 없는 할아버지의 하늘이 보내주셨다는 말씀에 가슴이 벅차 맑은 여름날의 뜨거운 빛이지만 무성한 가지를 타고 바람에 쓸리고 계곡에 박혀서는 오히려 더위가 숨이 차 가릉거리는 언덕에 올라 꽃분이를 향해 말했어요.

"나는 하늘이 보내주셨다."

꽃분이는 커다랗게 짖어 응답했어요. 그래서 나는 확신을 가지고 시냇가에 매여져 있는 소들을 향해 말했어요.

"나는 하늘에서 왔다."

그러자 소들은 엎드려 경배하고 송아지는 낮게 울어 수긍

했어요. 더욱 감격에 상기된 내가 시냇물과 바람에 고하자 시냇물은 커다랗게 박수를 쳤고 바람은 맨발의 내 발에 입을 맞추었어요.

아뿔싸! 나는 너무 감격했던지라 영영 기억 못할 뻔 했는데 사랑이 있어서 기억해 냈어요. 그러면 제 사랑 얘기에 이제 귀 기울여 보실래요.

할머니! 할아버지가 나를 위해 춤을 추셨어요.

해를 모시는 엄마는 항상 일이 많았어요. 들일도 해야 하고 부엌일도 해야 하고 들일은 할아버지와 아버지가 부엌일은 할머니가 여러모로 많이 도와주시지만 여전히 식사를 하고 잠을 자고 일을 하는 고리는 엄마에게 있었는데 엄마의 등에는 어린 내가 짐스럽게 업혀져서는 바쁜 엄마에게 칭얼거리느라 아주 고역을 시켰어요. 그래서 할아버지는 일을 마치신 저녁 무렵에 엄마에게 다가와 '힘든데 애는 내가 보마' 그러셨지만 엄마는 분명 힘들어 애쓰면서도 바보같이 '아버님 괜찮아요, 힘드실 텐데 조금만 쉬고 계세요. 얼른 진지 차려 드릴게요.' 나는 등에서 엄마의 거짓말을 알고 있었지만 할아버지가 '나는 괜찮다. 이리 다오.' 몇 번의 애원을 해야 그제서야 '힘드시지 않게 조금만 업어주세요.' 하고는 할아버지 등에 올려놓았어요.

할아버지는 할머니가 빨래를 헹구는 집 앞의 도랑을 지나 마무리 손질을 하는 아버지의 반대편을 돌아 작은 동산에 오르셨어요.

그곳은 언덕과 나무가 감싼 작은 구릉이었는데 풀들은 그늘 탓에 웃자라지 못해 보는 사람 없이 도란도란 놀기에 적당했어요.

할아버지는 포대기 가운데에 저를 내려놓고는 오래 기다렸던 일을 하시려는지 고름도 한 번 매만져 단정히 하시고는 나를 향해 “이리 오너라! 업고 놀자 사랑! 사랑! 내 사랑아!” 꼭 물레방아 돌아가는 소리였어요. 낮게낮게 올라가다 기쁨으로 착 떨어지는 소리였고 당장이라도 안아 보고 싶은 어깨춤은 작은 덩실덩실이었어요.

할아버지는 기쁘신지 눈가마저 촉촉해졌고 나는 포대기에 앉아 엉덩이를 들썩이며 있는 힘껏 배냇박수를 쳤어요.

한참 후에는 아직 걷지 못하는 내 양손을 들어 할아버지의 작은 덩실춤을 추게 하시면서 “노세 노세 젊어서 놀아 늙어지면 못노나니 얼씨구 절씨구 차차차 지화자 좋구나 차차차” 나는 까르르까르르 할아버지가 움직이는 어깨춤을 정말 신나게 추었어요.

깜박하고 여름 저녁의 별이 사라지자 할아버지는 나를 서둘러 업으시고는 올 때와는 달리 급한 걸음으로 집으로 향하셨어요.

대문을 넘어서자 부엌문에 할머니가 보였어요. 그래서 나는 할머니에게 할아버지가 나를 위해 춤을 춰 주셨다고 포대기 속에서 어깨춤을 추었어요.

할아버지는 매우 당황하셔서 "애가 갑자기 왜 그래 누가 와서 좀 받어."

포대기를 벗어난 나는 더욱 크게 할아버지가 나를 위해 추신 어깨춤을 얘기하려 했지만 할머니가 꼭 앉는 바람에 더 이상 얘기할 수 없었어요. 하지만 할머니를 바라보는 눈은 세상 가장 아름다운 때의 가장 즐거운 추억에 젖어 있어서 할머니는 나를 안았다가 눈 한 번 쳐다보고 또 숨이 막힐 정도로 안았다가 할아버지와 나의 즐거움을 알고 계신 듯했어요.

그런 나를 엄마는 한 손은 일을 하면서 머리를 쓰다듬어 주셨고 아버지는 부뚜막 위에 올려놓고 손을 꼭 쥐어 주셨어요.

"어휴! 즐거워서 죽으면 세상에서 가장 억울해요."

나는 소리쳤지만 아무도 내 말을 알아듣지 못했어요.

귀신한테 미안해요

나는 이가 났어요. 그리고 기기도 하고 가끔은 서서 가족들을 놀래 주기도 해요. 그런데 동네에 큰일을 당한 집이 있어 할머니, 아버지, 엄마까지 가서 도와야 했어요. 그래서 엄마는 추운 겨울이었으므로 화로에 불을 넉넉히 담고 미음을 마련해 "너무 뜨겁지 않게만 먹이세요." 그런데 일이 많아졌는가 제때, 그러니까 미음이 떨어졌는데도 아무도 오질 못 했어요. 하지만 나는 어린아이를 막 벗어나는 한창 놀아야 하는 나이였기에 배가 고프다고 징징거렸어요.

다급해진 할아버지는 업어도 보고 안아도 보았지만 굶은 내 배를 어쩔 수는 없었어요. 그래서 미음을 만드는 방법을 몰랐던 할아버지는 윗방을 뒤지셨어요.

윗방은 철 지난 옷을 넣어 두는 낡은 궤와 쌀독이 있고 가장 중요한 감자며 고구마 그래요 씨가 되기 위해 선발된 것들이 종류별로 양철항아리에 담겨 있었어요. 할아버지는 먼저는 감자를 화로에 묻어 잘 익힌 후에 껍질을 벗겨 여러 번 호호 불어 할아버지의 혀에 적당했을 때 이제 몇 개 없는 이로 잘게 부셔 제 입속에 넣어 주셨는데 나는 너무도 맛있어 할아버지 최고라고 손을 번쩍 치켜들었어요. 저녁엔 가족들이 돌아왔지만 아침에 도우러 나가는 일은 3일이나 계속 되어서 나는 또 고구마를 또 명절에 쓸 정도인 밤까지 할아버지의 손을 통해 야금야금 먹었어요.

그 일이 있고 난후 얼마 지나지 않아 엄마는 나를 업은 채 하얗게 질려가지고는 두엄 밭에 계신 할아버지에게 달려갔어요.

"아버님 누가 감자, 고구마, 나락 중에 제일 좋은 것으로만 가져갔어요."

숨소리마저 두려움에 떨고 있었어요.

"그럴 리가 이런 산골에 누가 와서 나락 몇 알을 가져간단 말이냐?"

연유를 아시는 할아버지는 하던 일을 멈추지도 놀라지도 않으셨지만 종자를 간수해야만 하는 엄마는 금방 울음이라도 터트릴 것 같았어요.

"귀신이 까먹은 게지, 그래도 나락은 여유가 있지."

엄마는 조금 진정을 찾고 있어요.

"그렇기는 하지만 무슨 이런 일이."

"파종이 문제없다면 아무 일 아니니 가서 네 일 보거라."

다시 돌아가는 엄마는 고개를 갸웃하기도 하고 손가락을 꺼내 셈도 해 보았지만 알 수 없는 노릇에 고개만 절래절래 흔드셨어요.

그리고는 윗방에 돌아와 나머지 종자들은 이상 없는지 일일이 들고 열어 보며 확인하면서 "망할 놈의 귀신 만나기만 해 봐라 가만 놔두나."

그날 밤 꿈에 귀신은 나를 찾아왔어요. 그리고는 앉아 있는 내게 마주보지는 않고 비켜 앉아 "나는 구경도 못한 씨나락을 너희 엄만 왜 나만 탓하냐? 먹은 사람은 너이니 네가 나가서 고백을 해 줘라."

내가 얼굴을 보려면 돌아앉고 돌아앉아 얼굴은 못 봤지만 나는 어쩔 수 없이 그랬어요.

“나는 아직 사람의 말을 다 배우지 못해 고백을 해도 알아듣질 못하는데 나도 어쩔 수 없으니 돌아가라.”

“귀신 곡 허것네, 그러면 나중에라도 꼭 나를 신원해 주거라.”

“글쎄 그때가 언젠 줄 알고.”

“아이구! 귀신도 서러운데 이젠 곡까지 하면서 살아야겠네, 하지만 어쩌랴 다른 사람이라면 따져보기라도 하겠지만 너인 것을 잘 자거라.”

‘귀신아 정말 미안해.’

할아버지랑

걸음마를 하게 되었을 때 할아버지는 자주
나를 데리고 언덕에 가셨어요.
그리고는 잘 걸을 수 있도록 옆에서 지켜 주시는데,
늘 콧노래, 그래요. 발음이 정확하지 않은 콧노래였어요.
“아이랑 아이랑 내 아이랑……”

제법 말을 할 수 있게 되었을 때도
언덕에 데려가서는 이제는 제법 걷는 제 뒤에서
같은 노래를 하셨어요.
“아이랑 아이랑 내 아이랑……”

개와 같이 달음박질을 하는 때도 데려가셨어요.

그리고는 같은 음조 같은 노래였어요.

"아이랑 아이랑 내 아이랑……"

오래 들어서 친숙한 그 가락이 궁금해 할아버지에게 물었어요.

"왜 같은 노래만 해."

할아버지는 빙긋이 웃으면서 나를 무릎에 앉히셨어요.

"나는 너희 아버지에게 아버지여서 엄하게 길러야 했지만 너는 아버지가 낳아 내게 주었으니 내가 이승을 떠날 수 있는 즐겁고 넉넉한 노자니라, 그러니 너를 보면 기쁘고 예뻐 노래가 저절로 나오는구나. 첫 번째 아이랑은 네 아버지 노래니라, 너를 낳고 길러 내게 오는 발걸음이 즐거워 부른 노래이고, 두 번째 들은 아이랑도 아버지 노래인데, 그것은 조금 염려스럽고 서글픈 것이다. 네가 무탈하기를 좋은 여자 만나 행복하기를 근심하기에 애잔하지만 마지막에 들은 아이랑은 할아버지 노래니라, 네가 건강하게 뛰놀고 할아버지 앞에 아버지의 엄함을 새겨 내게 공손하니 나는 다른 할아버지들보다 저승 갈 노자가 넉넉하여 이승에서의 근심이 없는 노래니라."

"할아버지 무서워."

할아버지는 다른 날과 달리 나를 오랫동안 안아 주셨어요.

엄마 꽃분이가 나를 핥아요

꽃분이는 무서운 개예요. 손님이 오면 식구들과 인사를 하고 방에서 나오면 가는 길에 배웅도 해 주지만 삼을 캔다고 했어요. 그 사람들은 산속에서는 민가에 들지 않고 밖에서 얘기하기에 꽃분이는 으르렁거리고 그 사람들이 식구들 가까이 올까 봐 한시도 경계를 늦추지 않았어요. 포대기 속에서도 든든하고 믿음이 가요.

그런 꽃분이는 엄마를 졸래졸래 따라다니다 내 발이 포대기 밖으로 살짝만 나와도 얼른 와서 핥아 주다가 엄마가 "요놈의 개가 저리 못 가." 마지못해 사라졌다가 엄마가 허리를 숙였을 때 내가 손을 내밀면 엄마가 씻겨 줄 때처럼 핥다가 또 쫓겨났어요.

엄마는 일이 많았어요. 그래서 하는 수 없이 언덕에 포대기를 깔아놓고 김을 매야 했는데 내가 엄마를 찾아 포대기 밖을 나가려는 순간이었어요. 어느새 꽃분이가 와서는 기저귀도 없이 배냇저고리 하나만 입고 있는 내 저고리를 물어 포대기 가운데로 끌어왔어요. 내가 '이 바보야! 엄마 찾아 가야 돼.' 하며 밀쳐 보려 했지만 많은 육아[育犬]의 경험을 가지고 있는 꽃분이는 마치 선생처럼 내가 포대기 밖으로 나가는 것을 허락하지 않았어요. 처음에 밀쳐도 보고 때려도 보았지만 꽃분이는 자기 뜻을 조금도 굽히지 않았어요. 그래서 저는 포대기 밖을 포기하고 안에서 자라기로 작정했어요.

꽃분이가 지키는 포대기 안은 든든하고 안심하게 하늘이 날았어요. 새가 울고 나비가 팔랑거리고 애를 챈다는 수리가 높이 떠 있어도 꽃분이가 지키는 하늘 아래 모든 장관에 기쁘게 배냇박수를 쳤어요.

어! 그런데 갑자기 꽃분이가 사라졌어요. 나는 잠자리 한 마리에도 무서워 포대기 밖을 나가려는 순간 다행히 엄마가 나를 안아 주셨어요. 나는 금세 안심이 되었지만 꽃분이가 사라졌다고 울음을 터트렸는데 엄마는 젖꼭지를 물리셨어요. 그렇게 엄청난 하늘이 열렸던 하루는 지나갔고 그 일은 엄마 몰래몰래 계속되었어요.

즐겁고 징그럽기도 했어요

제법 울안은 혼자서도 다닐 만큼 자랐을 때, 나는 부엌에서 기억은 안 나지만 무엇을 가지고 놀다가 엄마에게 등짝을 두어 대 맞고는 마당가에서 풀이 죽어 훌쩍이고 있었어요.

"우리 아가는 왜 풀이 죽어 있느냐?"

논에서 돌아오시는 할아버지는 언제나처럼 하얀 덧버선 같은 미소를 짓고 계셨어요.

"엄마가 때렸어."

쪼그리고 앉아 고개도 들지 않았어요.

"네가 많이 잘못한 게로구나!"

"몰라!"

할아버지에게 위로를 기대했기에 더 퉁명스럽게 말했어요.

할아버지가 내 쪽으로 몸을 숙이시기에 언제나처럼 나를 안아 주겠지 하고 팔을 벌렸어요. 하지만 할아버지는 내 팔을 비켜 내가 하고 있던 자세와 똑같이 머리를 숙이고 땅만 보셨어요.

"아가야! 네게는 무엇이 있느냐?"

"할아버지, 할머니, 아버지, 그리고 미운 엄마……"

"맞다."

그제서야 나를 번쩍 들어 안아 주셨어요.

"네게는 할아버지, 할머니, 아버지, 엄마가 있다. 너를 자라게 하기 위한 네 개의 이랑이란다. 할아버지는 물의 성질을 가져서 네가 사람의 말을 다 배우면 너랑 놀아주질 못한다. 그것은 네가 차가워져 그릇된 행실로 나아갈까 두려워함이고 할머니는 네가 뿌리내릴 땅이란다. 언제고 설움을 겪거든 할머니에게로 가거라 할머니는 네 설움을 다 빨아들이고 다시 새싹으로 우뚝 서기를 기다릴 것이니라, 아버지는 불과 같아서 네게 관대할 수가 없지만 너는 그럼으로써 질서를 배우게 되리니 장차 네가 진리에 이르는 힘이 될 것이니라, 엄마는 공기란다. 네가 어느 이랑에 있든지 때로 아는 것이 힘들어 지겨워질 때마다, 아무렇게나 다가가 신원을 구하고 위로를 받을 것이니라."

나는 알아들을 수가 없었는데 그것을 아시는지 할아버지는 음성으로 한 마디 한 마디 제 눈 속에 새기고 계셨어요.

"너는 네 개의 이랑 그러니까 사랑 안에서 연주자니라 네가 줄을 알맞게 걸으면 모두가 즐거워지고 징처럼 매달려 줄을 당기면 모두가 싫어지는 것이니, 네가 즐겁게 줄을 거는 것을 상상하면 할수록 너는 더욱 큰 사람이 될 것이니라, 이제 엄마한테 가자."

나는 어느새 눈물을 거두고 웃기까지 했어요.

"아버님 그 녀석 내버려 두세요, 버릇이 아주 없어요."

할아버지는 미소로 나를 엄마에게 가게 하셨어요.

"바보야 왜 때려."

밀쳐내는 엄마 치마를 꼭 붙들고 늘어졌어요.

"그러면 이제는 버릇없게 굴지 않을 거지."

나는 있는 힘껏 고개를 끄덕였어요.

그날 저녁에 할아버지, 할머니, 엄마는 내가 미쳐 삼키지도 않았는데 다음 수저를 들고 내가 삼키기를 기다려 나는 수저를 한 번도 들지 않고 배가 터지도록 저녁밥을 먹었답니다.

할아버지의 십팔번지

"아리랑 아리랑 내 아리랑……"

같은 노래 같은 가락 할아버지는 아는 게 그것밖에 없나 궁금했어요.

“할아버지는 그것밖에 몰라.”

개울가에는 소들이 풀을 뜯고 할아버지는 앞으로 콩단이며 팥단을 묶을 칡줄을 만들고 계셨어요.

맑은 가을볕은 따갑기까지 해 할아버지는 주름 사이로 땀을 많이 흘리고 계셨어요. 그러시더니 나는 아직 건널 수 없는 조그만 여울을 두어 개의 바위를 이용해 성큼 건너오셔서는 간단하게 세수를 하시고 소매를 적셔 제 얼굴을 닦아 주셨어요.

“아가야! 할아버지도 엄마가 있었는데, 그것은 아홉 달은 엄마 태 속에서 자랄 수 있었지만 열을 셀 수가 없어 엄마가 대신 세 줘서 세상에 나왔단다.

그리고 사람의 인생은 아홉 구비란다. 조금 차이는 있겠지만 아홉을 돌아 기력이 다해 열을 내 쉬면 우리는 돌아가는 거란다. 그러니 할아버지는 엄마 태내에서 아홉 인생에서 아홉을 돌아 너를 부르는 노래이니, 여한도 미련도 없이 떠나갈 수 있는 십팔번이란다.” 제가 조그마한 여울물에 돌을 던지자 할아버지도 따라하셨어요.

돌멩이 하나 “퐁당”

할아버지의 돌멩이 하나 “퐁당”

그리고 할아버지의 아리랑 한 소절

두 번째 돌멩이 "퐁당"

또 할아버지의 한 소절

할아버지는 칡줄을 만드는 것도 잊으시고 우리는 오랫동안 그렇게 있었어요.

할아버지한테 엄청 맞았어요

학교에 가 글을 배우고 이것저것 대견한 일들이 자랑이 되어 엄마에게 재잘거리게 되었는데, 할아버지는 꼭 밥 먹은 강아지 대하듯 개는 젖을 먹는 동안은 배설물도 다 핥아 키우지만 젖을 떼고 밥을 먹으면 자기가 낳고 키웠음에도 젖꼭지를 물으면 으르렁거리며 살짝 물어버리기까지 했어요.

할아버지에겐 내 처지가 그랬어요. 이제는 노래를 불러 주지도 안아 주지도 않으시고 거리를 두셨기에 저는 할아버지에게 더욱 공손해질 수밖에 없었어요. 그리고 일 년에 몇 번 친척이 먼 곳에서 찾아왔어요. 그러면 나는 노는 것도 하던 일도 멈추고 어디 있는지도 모르는 형을 찾아 아랫마을까지 내려가 찾아야 했어요. 그렇게 어렵사리 찾아내

"형 할아버지가 찾으셔."

"왜!"

"손님이 오셨어."

그리고는 친구들과 헤어지는 인사를 하면서도 나보고는 애썼다는 말 한마디 없이 달려 나는 속으로 '형 같이 가' 하

면서도 바보야 그것도 못 따라와 하는 지청도 두려워 겨우 발자국의 꼬리만을 따라가 대문에 들어서면 손님은 형을 어루만지고 안아도 보시면서 어쩌다 내가 큰절을 올리는 때도 있었는데, 그뿐 나는 축복의 인사 한마디 없이 그 자리를 물러나야 했어요.

그 일이 반복되면서 어느 날 나는 아무도 없는 틈을 타서 마당 한편에서 도리깨질을 하시는 할아버지에게 나아갔어요.

"할아버지!"

나는 크게 작정했음에도 무언지 모를 불안에 목소리가 떨리고 있었어요.

"왜 그러느냐?"

덧버선 같은 미소는 사라지신지 오래되었고 학교에서 돌아오다 고요한 강가에 돌멩이를 던졌을 때의 울림이었어요. 작지만 은은하여 귀를 통해 머릿속까지 가라앉는…….

나는 더욱 두려움이 커졌지만 이왕 작정한 일 용기를 냈어요.

"할아버지 손님이 오면 어딘지도 모르는 형을 찾아 헤맬 게 아니라 나도 아들이니 손님을 맞아 형의 일을 대신 하게 해 주세요."

할아버지는 도리깨의 표적을 놓쳐 굴러 넘어지셨어요. 그리고는 손까지 부르르 떠시더니 도리깨의 마르고 단단한 물푸레나무 가지를 꺾으시고는 "따라오너라." 나는 내게 뭔가

좋지 않은 일이 벌어질 거라 예상하면서도 형을 찾으러 다녀야 하는 수고도 억울했기에 할아버지를 따라 안방으로 들어갔어요.

"걷어라."

내가 머뭇거리자 할아버지는 지금까지 본 적도 없는 우악스런 손길로 종아리를 걷으셨어요. 그리고는 쉬지도 않고 꼭 열 대를 있는 힘껏 때리셨어요.

나는 너무도 갑작스런 일이라 아프고 두려움도 생겼지만 묘한 오기가 생겨 소리도 지르지 않고 있었어요.

"누가 그러더냐 네 애비가 그렇게 가르치더냐?"

"제가요!"

나는 오히려 다리가 끊어질 것같은 아픔 속에서도 냉정을 유지한 채, 말했어요.

"고얀 놈!"

그리고는 셀 수도 없는 회초리를 맞아 이제는 정말로 죽을 것 같아 할아버지에게 신원하듯 말했어요.

"같은 아들인데 왜 형은 온갖 축복은 다 받으면서 나는 문 밖의 개처럼 축복을 동냥해야 돼요."

그제서야 할아버지는 핏줄이 터질 만큼 부어 있는 제 종아리를 어루만지면서 "애야! 형과 네 순서가 바뀌면 너희는 형제가 아니라 한 하늘 아래 살 수 없는 불구대천의 원수가 되느니라. 하나인 하늘이 쪼개짐이니 피가 멈추지 않으니라,

그러니 너는 무릇 형이 누웠던 자리도 밟아서는 아니 되느니라, 알겠느냐?"

"예! 할아버지!"

나는 무릎을 꿇고 있기가 많이 아팠지만 진심으로 회개했어요.

한참 후에 할아버지는 내가 학교에 간 후로 안아 주신 적이 한 번도 없었는데 그날은 무릎 위에 올려놓고

"할아버지 얘기를 잊어서는 안 되고 명심하고 명심해야 되느니라 그리할 수 있겠느냐."

"예! 할아버지 가슴에 꼭 새기고 살게요."

"내 이제야 너를 축복하느니 네가 형보다 크고 강하여질지라도 그것은 나중 일이고 사람들이 네가 새 하늘을 열 만큼 강하다 하거든 너는 마땅히 낮은 항렬로 나아가 네 집안의 어른일지라도 형네 집안의 어린애라도 공경해야 되느니라, 알겠느냐."

"예! 할아버지!"

나는 비로소 아픔이 올라와 흐느끼고 있었는데 할아버지는 애정 어린 손길로 나를 쓰다듬어 주셨고 저녁을 먹는 동안 식구들은 내가 다리를 저는 것을 눈치채지 못해 할아버지와 나만의 비밀로 남았답니다.

할아버지가 쓰러지셨어요

학교에서 돌아오니 할아버지가 아버지와 여느 때처럼 추수를 하시다가 쓰러지셨대요. 식구들은 숨소리조차 크게 내지 않았고 부덕이도 집안의 변괴를 아는지 나를 보고도 꼬리를 흔들지도 않고 마루 밑으로 들어갔어요. 아버지는 급히 나가 약을 사오고 했지만 차도가 없자 달이 넘게 치료를 위해 집을 떠났다 돌아오셨지만 할아버지는 위암의 판정을 받고 더욱 수척해지셔 이제는 혼자 돌아눕는 것도 어렵게 되었어요.

엄마와 아버지, 할머니는 각자의 일도 해야 했으므로 내가 학교에서 돌아오기를 기다려 번갈아 할아버지 곁에 수발을 들다가 제가 돌아오면 밀린 일들을 하셨고 나는 날이 갈수록 뼈만 앙상하게 드러나는 할아버지를 안타까움 속에서 바라볼 수밖에 없었어요. 대게는 눈을 감고 계셨는데, 어쩌면 엄청난 고통과의 싸움을 그렇게 하셨던 것 같아요. 그 공간을 지키고 있는 나는 고요한 할아버지에게 고통을 상상할 수 없었는데, 이제와 생각해 보니 할아버지 침상에는 고통이란 엄청난 놈이 할아버지의 지상의 날을 옥죄고 있었어요.

"얘야 돌아눕고 싶구나."

나는 중학생이 되었음에도 공부는 학교에서 하고 돌아오면 집안일을 거드는 것으로만 알아 할아버지가 아프지 않으셨다면 소를 뜯겼을 테지만 이제는 할아버지 곁을 고요히 지키는 것이 일이 되었어요.

등 뒤에서 안은 할아버지는 아기보다 여려 나는 하마터면 울음을 터트릴 뻔했는데, 그래요 엄한 아버지가 있는데 그런 버릇없는 일은 능히 이길 수 있었어요.

나는 일부러 할아버지를 오래 안고서 “이 자세가 편해요, 아니면 이렇게 해 드릴까요.” 할아버지는 고개만 끄덕이실 뿐이셨어요.

“애야! 이제 내게 남은 날이 많지 않구나.”

나는 눈에 이슬이 맺혀 등 뒤에 있음에도 고개를 돌렸어요.

“할아버지는 평생 산골의 화전밭을 떠날 수 없는 운명이었지만 오히려 그 운명이 책을 읽게 하고 가 볼 수 없기에 더 많은 상상이 필요했던 이해들은 네 눈 속에 있단다. 네가 그것을 알 때에는 적지 않은 세월이 필요하리라, 내 이제 마지막 당부를 하느니 그것은 명철이니라. 할아버지, 할머니, 아버지, 엄마 이 네 이랑의 힘은 존재보다 강한 힘을 가질 수 있어 아이를 낳고 기르기도 하지만 때로 사생아를 만들 수도 있느니라, 사생아는 자기가 운명이라 이름 짓고 평등과 신원을 약속하나 인간은 평등해야 하지만 사람은 질서 속에서 자유롭고 진리를 찾을 수 있음이니 너는 운명이라 이름하는 것들을 만나면 사생안지 아닌지 명철을 가져 분별을 잘해야 네 운명이 헛되지 않으리라, 사람은 질서 안에 있고 인간은 위로와 웃음이면 인생이 족하리라.”

나는 엄마가 잠깐 들른 틈을 타 멀리멀리 달아나 목 놓아 울었어요.

할아버지의 자서전

할아버지가 쓰러지신 겨울의 입구부터 이제 옥수수가 어른 허리에 올 만큼 불쑥 자라 여름으로 넘어가려 할 때였어요. 며칠 전부터 아버지는 가까운 친척들을 소식이 닿는 대로 와서 머물게 했어요. 그리고 때를 아셨는지 아버지는 할아버지를 자신의 무릎 사이에 누이시고 꼼짝도 않으셨고 가족들은 숨소리도 안 내고 할아버지를 지켜보고 있었어요.

이제는 고통도 잦아지셨는지 꼭 어린아이가 잠든 모습이었어요.

나는 할아버지가 돌아가신다는 두려움에 등에 식은땀이 줄줄 흐르고 있었는데 할아버지는 우리만의 통신수단으로 자서전을 들려주셨어요.

'아이야! 거기 서거라?
다른 이는 말을 출발시켰느냐?
나는 내 운명이 말을 준비하지 못했거늘
그 사람은 서쪽으로 많이도 갔겠구나.
하지만 내가 못 가는 서쪽을 그리워한들 무엇하랴?
오히려 이웃이 없어 분쟁이 없고

내 소산으로 가족이 밥을 굶지 않는 이 운명의 허락을

감사히 안고 돌아가리라.'

밤이 이슥했을 때, 할아버지는 한순간 커다란 숨을 쉬셨어요. 다시 운명으로 돌아가는 열이었고 아버지는 그제서야 울음을 터트리셨고 가족들은 통곡하기 시작했어요.

나는 믿을 수 없는 광경에 밖으로 뛰쳐나가 밤새 뒹굴며 울고 또 울었는데 울음이 그치질 않았어요.

사랑은 존재여서 있을 때는 모르다가 간 다음에야 허겁지겁 참회를 시키는데, 꼭 때가 늦어요.

가로등 아래

조상이 일러 준
유전의 기억에 따라
나도 땅속에 묻혔다.

그리고는 시간에 따른
한 치의 오차도 없이
허물을 벗고 지각을 뚫어
바람이면 바람에 비면 비에
시절을 나무라지 않고 이무럽게
그냥 자랐다.

그런데 어느 날부터
유전의 기억과는 달리
해가 지지 않았다.

웃자람으로 키만 크는 나는
숨이 가빠졌고 질소를 고정시키는
특이한 재주만으로 내 발에 붙어 있는 혹도

손이 부르트니 제발 잠 좀 재워 달라고 했다.

아무리 기다려도
여전히 해는 지지 않았고
내 가쁜 숨은 가지에 가지가 돋아
공작의 깃털처럼 부풀어 올라
등 뒤에 있는 자그마한 친척과는
다른 유전적 기억을 바라고 있었다.

그런데 이게 웬일
이슬이 비온 뒤처럼 엉겨 붙은
기온이 뚝 떨어진 아침부터
공작의 깃털처럼 자세만은 우아했던
내 가지들은 더운물을 뒤집어쓴 듯
떨어져 나가 앙상한 몰골로 남고
다시금 돌아온 유전의 기억을 더듬어
깍지를 만들어 보려 했지만
자라는 데에만 모든 에너지를 쏟은 나는

이미 불임의 몸이 되어 있었다.

등 뒤는 유전의 기억을 지켜
잘 여문 깍지를 자그마한 대궁 가득히
달고 농부의 정성스런 손길로 단으로
묶여지고 있었지만
나는 씨알로 묻힌 값도 없던지라
뿌리째 뽑혀 밭둑에 던져지고 내가
불면에 떨었던 자리는 두엄이 차곡차곡 쌓여 갔다.

경계境界

오랜만에 회포를 풀었던 친구 집에서
따뜻한 유숙留宿의 변便을 할 일이 없나
밖으로 나오니 눈이 소북이 쌓여 있었고
정류장이었던 까닭에 버스를 기다리는 소녀는
눈길을 어쩌다 지나는 차가 자신에게 미끄러져
오지 않을까 안절부절 못하고 있었다.

마당은 아스팔트 포도라 넉가래질은 쉬워
금세 치워 낼 수 있었고 이제는 밀어낸 것을 녹으면
쉽게 흘러갈 수 있는 곳으로 옮기고 있었다.
소녀는 앞만을 주시하다 내가 눈을 치워 낸 것을 못 보았는지
마당 안으로 깡충하고 들어와 아까의 불안은
사라진 듯 어디론가 문자를 보내고 있었다.

그곳에

너는 그곳에 산이 있고
바람이 있고 네가 궁금했던 이야기가 있다 했다.
만사를 제치고 부지런히 달려가니 그곳에는
황량한 바람과 아무도 이야기하지 않는 침묵만이
나를 감싸지도 않고 겉돌고 있었다.
그렇게 먼 길을 돌아온 다시 제자리에
서점에 들러 직원도 이걸 읽으시려구요.
데스크탑 높이만큼 성가신 표지들을 버리고
순서대로 쌓아 놓은 이곳에 그곳이 있겠다.
당분간 나를 찾지도 말고 궁금해 하지도 마라
내 여행이 너무 멀고 김이니
웃음을 갖고 오지 못하거든 다시 떠나라 이르거라
아내 같은 친구여.

개복숭아

산딸기가 지면
머루와 다래가 익고
가을에는 돌배가 익어
절로 떨어지는데
저놈의 개복숭아는
파랗게 이도 안 들어가
내게 바보라 욕을
얻어먹었는데
서리가 내린 날
너는 드디어 빨간 과육과
시큼하면서도 달콤한
과즙을 내 나는 네가
과일 중의 으뜸이라
나의 허물을 되돌아본다

Ghostless Tree

사형제도가 남아 있던 때
캘리포니아 주립교도소에는
형장으로 가는 길에 같은 종의 두 그루의 나무가 동시에
심어졌다.

하나는 형장문의 정문에
하나는 건물의 왼쪽 어귀였다.

집행이 있는 날이면
비록 죄가 중해 죽임을 당하는 사람이지만
미련과 두려움일까?
집행관들의 눈에는 마지막 회한으로 보이는
몸부림을, 괴성과 함께 정문의 나무를 붙잡고
손톱이 박히고 바닥이 까지는 것도 모르고 풀어냈다.

왼쪽 어귀의 나무는
수령대로 곳곳하게 자라 있지만
정문의 나무는

밑둥치로만 수령을 짐작할 수 있을 뿐,
갈라진 가지는 끝부분에 두려움에 떠는 눈처럼
잎새를 몇 개 붙이고는 바닥을 향해 자라는 것이 아니라
기고 있었다.

그래서 집행이 끝난 후에는
집행관들은 나무를 보듬어 주기도 하고
고요한 찬송을 불러 주기도 했다.
그러면 놀랍게도 아래를 보던 잎새가
잠시 하늘을 향해 고개를 드는 것도 같았다.

집행관들은
퇴근길에 오르면
ghostless tree 또는 living with death tree라
불리는 나무의 영혼을 위해 기도했다.

누란累卵과 접란接卵

"계란 후라이 해 줄까?"
명절에 만나는 조카 지선이는
제풀에 돌아다니다 놀아 줄 사람이 없었는지
백수서생 삼촌이 책을 읽다가
후라이 해 준다는 말에 방해가 되어 미안하기도 하지만
기다렸다는 듯 또르르 정말 구슬이 구르듯 부엌으로 달려 간다.

팬에 불을 올리고 계란을 찾느라 여기저기 뒤지는 앙증맞은
허둥을 맑은 호수에 눈을 담듯 바라본다.
"아! 여기 있었네."
먼 여행을 끝낸 휴식과 탄성이다.
그리고는 두 개를 양손에 받쳐들고 조심스레 온다.
아뿔사!
또 명절에 보는 손녀를 아버지는 문을 열자마자 찾는다.
순간 혼동이 온 지선이는
대답 대신 멈칫거리다 바구니에 던져 놓고는 할아버지에게

또르르 달려간다.

지선이가 던져 놓고 간 계란은 한쪽에 잔금이 생겼다.

백수삼촌이 유일하게 해 줄 수 있는 일을 아버지의 방해로

놓쳐 버린 나는 우두커니

막대한 손해를 본 거래처럼 서 있다.

그렇다고 백수 주제에 아버지에게 따질 수도 없고

계란을 만지작거리며 위에도 올려보고 옆에도 세워 본다.

위에 올렸을 때는 말은 안 하지만 '빨리 어른이 되지 못하느냐' 고

하는 형의 성난 얼굴이 떠오르고

옆에 붙였을 때는 '때가 오겠지' 하며 위로하는 엄마가 떠올랐다.

어쩌면 잔금을 가진 쪽은 나라는 생각이 들었다.

'조신하고 배려해라'

사람의 말을 다 배우지 못한 스승님은 할아버지에게 안겨

웃음소리마저
　인간의 지경地境밖에서 또륵거린다.

기후

가마니로 수확하던
청보리밭이 닷 되를
생산하지 못하는 이상저온은

조금이라도 싸게 사려는 손님과
너무 비싸 매수가 끊기므로
출혈으로라도 판매에 나선 상인들이
십 년 단골을 뒤로 하는 합종연횡이 이뤄지고 있다.

"달이 떴느냐?"

달이 떴느냐?
선생이여 이제 아침입니다.
달이 떴느냐?
점심을 조금 지났습니다.
달이 떴느냐?
저녁이 되었지만 날씨가 흐렸습니다.

"달은 내가 등지고 있었을 뿐,
언제나 떠 있었느니라."

동토凍土

달랑 빗장 하나 질려 있는
사립문에는
흔하던 개 한 마리 얼씬거리지 않고
건너 감나무밭에는
그늘로 상열相熱을 조장하고
까치밥으로 동장군의 위세를 무너뜨린
죄를 하문받느라
정렬로 눈 속에 무릎 꿇고
그것을 지키던 대나무도 견디기 힘든지
이를 하얗게 드러내고 있다.

도시의 시도試圖

많은, 그보다는 다양한
모습이 있다.
최고급 승용차에서 버려지는
음식을 구하는 사람까지
서로 만날 수 없는 강이다.
힘든 노동의 성실한 정직이 있고
교언嬌言, 굳이 악의는 없더라도
당장은 그게 편하다.
맞다 그르다의 선택은 담 너머에 있다.

해가지지 않는 곳이지만
그래도 저녁이면 강가에 나와 삽을 씻는다.
고급술집에서 시중을 받는 사람과
공원에서 구걸한 과자로 취하든
도시는 진화를 갈망하는 시도를 한다.

대기근

먼저는 피자집이 문을 닫고
다음에는 치킨집이 직원을 감축하고
나중에는 짜장면집이 이제까지 가 본 적 없는
먼 곳에 광고를 시작한다.

민들레

네 세상을 받치고 있는
손은 너무 힘들어
핏기마저 사라진 회색빛이구나

하지만 가는 대궁으로
바람에게 조금이라도 더 높이 올라가
포도의 틈에라도
또 대지 위에 날려
우리는 해마다 더 풍성해진
달뜬 만지금滿地金을 본다.

말

한 사람이 아라고 얘기했습니다.
그리고 듣던 사람도 별 오해 없이 알아듣고
어라고 대답합니다.

그런데 나중에 가면 으와 우라는 얘기가
진원지도 알 수 없이 생채기를 내며 다닙니다.

말의 힘

욕이 재산이고 입만 열면
컴퓨터가 계산을 빠르게 하기 위해
이진법을 쓰듯이 욕이 튀어나오는 김씨는
그래서 아갈바우라 불린다.

조금 왜소한 편이기는 하지만 특별히
어디 모난 형상은 아닌데, 입은 열리기만 하면
입이어야 할 곳이 아가리가 되고 말은 의사를 전달하는
것이 아니라 욕과 욕이 쌓여 바위 같은 앙금을 남긴다.

아갈바우네 집은 동네에서 떨어진 개울가에
녹슨 함석지붕이었는데,
동네 어른들도 그가 조실부모했다는 가뭇한 기억밖에 없어
그의 내력은 거의 알려진 것이 없고
그저 아이가 칭얼거리는 게 진력이 나면 '아갈바우한테 보낸다' 고
소곤거리기만 해도 이 마을에선 무엇보다 효험이 있었다.
몇 년씩 안 보일 때도 있었지만 잊혀질 만하면 나타나서는

읍으로 다니면서
공사 일을 하는 정도로 알고 있다.

그저 마을에 고목이나 정승에게 액막이를 맡기듯
승냥이 한 마리 매어 놓았다 싶을 정도로
왕래도 거의 없었다.

세월이 지나 동네는 아이들이 자라
청년이 되고 어른이 되어 아갈바우는 웃어른이 되었고
'아갈바우한테 보낸다' 가 무서웠던
청년들이 복날 추렴을 하다가
그래도 어른이라고 불러 약주를 대접했는데,
예의 그 욕을 견디다 못한 젊은이에게
목을 칼에 찔려 관통이 되었다.
다행히 목숨은 건져 내일 수술이란다.

매가 된다는 것

멀리 미세한 것까지도 보는 혜안과
먹잇감의 살갗도 뚫어 버리는
날카로운 발톱의 힘도 필요하지만
가장 중요한 것은
먹잇감이 눈치채지 못하도록
높이 떠
때를 기다리는 정지할 수 있는 힘이다.

이야기

아라는 애기가 있던데
들어보셨습니까?
예! 그것은 으와 우를 이야기한
어였습니다.

망암望暗에 이르러

낙조가 눈에 튄다는
망해사의 언덕은 문득문득
훑어내리는 비에 묻혀
엎어진 난전의 천막처럼
가끔은 배를, 또 아스라이 섬을 올려놓고
까맣게 타들어가고 있었다.
그런데, 그 망암에 이르러 세상의 낙조가 보였다.

장막의 주인은
새 장막을 마련하려 떠나갔지만
처음에 남은 일꾼들은
그의 선한 당부를 지켜
기둥 줄은 새것으로 갈고
물건도 최소한의 이문에서 신선하게 유지했다.
하지만 주인이 더디 오는 탓에
흰쥐로 애완되던 것이
검게 탈색되어 기둥 줄을 갉고
과다해진 이문만큼 물건은 썩어가기 시작했다.

다복한 일꾼의 집은 착복한 이문을 지키느라
쇠창살로 가려지고 싼 값에 질 좋은 상품이
필요한 사람들은 기회를 얻지 못해
일꾼에게서 물건이 아닌 돈을 빌려 노예가 되어 갔다.

비로자나여!
당신이 오신다는 때는 우리에게는 찰나를 무한대로 미분해도 깁니다.
먼 길에 어느 모퉁이에서 쉬고 계신지
당신의 새 장막이 필요한 때가 터지기 직전의 물봉선화처럼 탱탱해졌습니다.
산자락에서, 바닷가에서 낙조가 당신 발을 더듬거든
당신의 옛 장막은 직전임을 알아주십시오.
허나, 직전의 시간은 또 얼마인가요?
비로자나여……

모기

너는 열세 평 방 안의
방충망 허름한 곳을 뚫었고
나는 회식의 피곤으로 침대에 쓰러져 있다.
오래된 에어컨은 시끄러워 켤 수 없고
선풍기는 회전이 고장 나
바닥에 엎어져 돌고
너는 잠들 만하면 귓전에서
허기에 눈 돌아간 소리를 낸다.
네가 조용하다면 그리고 가렵게만 하지 않는다면
너의 배 불리는 것으로 잠을 교환할 수도 있으련만
너의 기관機關은 언제나 피곤하게 할 뿐인 공약空約에 불타고 있다.

바보

가진 것,

준비한 것,

내 필요마저도

너의 길에 예비하고 나니

할 수 있는 일은 너의 염려뿐,

내 세상은 너로 인해 아름다울 수 있음에

추수의 감사를 안는다.

목련꽃

날씨가 추워지자

어른 잎새가 아래에서 말했어요.

"날씨가 추워지니 수맥을 닫아

우리의 아버지인 나무를 지키자."

바람이 불어 어수선한 가운데 소리가 사방에서 났어요.

'수맥을 닫으면 숨이 막혀 나는 빨개질 거야'

'난 노랗게 질릴 거야'

요란한 가운데 맨 위의 막내 잎새가 소리쳤어요.

"그럼 내년에 다시 나오는 때는 어떻게 알아요?"

많은 토론이 이어졌지만 어른 잎새도 답을 하지 못했어요.

그러지 이웃에 있던 목련 가지가 바람에 휘어져 와 얘기했어요.

"나는 꽃눈을 미리 준비한단다. 그러니 너희는 내 꽃잎이 지거든 그때 나오면 안전하단다."

우와! 여기저기서 탄성이 터져 나왔고 잎새들은 수맥을 닫아 빨갛게 노랗게 죽어 갔어요. 아버지인 나무를 지키기 위해……

그리고 사람들은 그 장엄함을 간직하기 위해 책갈피에 고이고이 끼워 뒀어요.

묘지를 산책함

왜 공동묘원을 산책하게 되었는지는
정확히 설명할 수 없다.
다만 삶에 대한 충일의 결핍,
생에 대한 기갈이라고밖에……,
솔숲의 언덕을 넘어 나타나는 묘원은 빽빽이 비명을
앞에 두고 가지런히 층을 이루고 있었다.
처음에는 유년 시절 또래들과 나누던 귀신얘기도 떠올라
섬뜩함도 느꼈지만
몇 번을 오가다 보니 이야기를 들을 수 있었다.
휠체어를 탄 노모를 모시고
정성들여 비명을 닦는 아들과
아들로 보이는 아이를 대동한
아직은 젊은 아낙은
물조리를 아이 손에 쥐어 묘지를 오른다.
나는 나도 모르는 사이
이곳에 연고가 있는 사람처럼
눈인사를 나누고 풀을 뽑는 정성스런 손길을 내일처럼 바
라본다.

구천이 어떤 곳인지는 알 수 없지만

그곳에서 들려지는 이야기도 살아 있을 때 했던 이야기 행동일 거라 생각하니

죽은 자의 곳에서 산 자의 곳으로 나오는 문턱이 죽음보다 무섭게 외경畏敬된다.

박제剝製가 되다

미팅이 미뤄져 출장지에서 난데없이
묶게 되어 대낮에 여관에 투숙해야 했다.
여관은 왜 뒷골목에 있을까 별 쓸데없는 생각을 하며
여관으로 어림되는 이름을 보며 골목을 들어설 때였다.
아직 어린 두 소녀가 담배를 피우기에 볼썽사나운 마음에
얼른 지나가려는데 내 쪽을 바라볼 수 있는 소녀가 얼굴을 빤히
쳐다보며 도발적으로 바닥에 침을 뱉었다.

'딱 자신 있으면 덤벼' 의 메시지였다.
간단하게 씻고 누웠는데 난데없이 지산고개의 족제비가 떠올랐다.
눈 속에 차에 깔렸는데 치워 주는 이도 없고 여름이라면 파리라도
꾀어 아픔을 분해해 주련만 겨울이 다가도록 얼어붙어 움직이지도 못하고
가죽까지 압력에 박제가 되어 봄이 되어야 날아갈 수 있었던 그 족제비의

상태와 소녀는 다르지 않았다.

'자신이 상처받는 영혼의 압력으로 박제가 되는 것도 모르는 소녀의 아버지는 어디 있을까?'

방문금지

토마토를 설탕에 절여
가깝게 지내는 단지 내 아줌마들과
차를 나누고 있었습니다.
다섯 살배기 아들이 "엄마 나 그림 그렸어."
머뭇머뭇 뭔가 부족해 부끄럽지만 감출 수 없는 자랑처럼
반 접힌 종이 한 장을 제 옆에 놓고는 바쁜 사람처럼 나갑니다.
먼저 윗층 언니가 펴 보더니
"엄마야! 애 눈이 왜 이래 웃는 건지 우는 건지 입도 너무 작아."
우리는 잠시 수다가 갖는 어그러짐을 벗어나 모두 그림을 보았습니다.
아이의 그림은 특기할 만한 재능은 없는, 거기다 난데없이 머리 위에
배로 보이는 과일을 얹혀 놓아 그래요? 심미적인 균형도 없었어요.
그런데 아들의 제대가 얼마 남지 않은 준이 어머니가
"와 ! 이거 나 줘, 작은 입은 웃고 있지만 머리 위에 배가

있어 건들면 폭발할 것 같아, 쓸데없는 초인종 누르지 말라고 나 부적으로 쓸래."

그랬나요? 심미적인 균형을 잃은 것이 부적이었나 봐요.

병아리와 굴렁쇠

터울이 많이 지는 형은
앞단추를 풀어 불량한 교련복 차림으로
그래도 동생이라고 굴렁쇠를 구해 와
"너! 지구는 둥글다."
새빨간 거짓말을 하고는 자취방이 있는 읍내로 사라졌다.
친구 하나 없는 산골에서 진종일 돌아다녀도 넓기만 한데
둥글다고 아하! 이제 네가 꼬추를 못 만지게 하니까 귀신 얘기로
위협할 때처럼 은근슬쩍 다른 묘수를 쓰는구나
마당에서 삼판길이 끝나는 꼭대기까지 정말 둥글까
그렇다면 왠지 위태할 것 같은 불안을 떨치지 못하고
있을 때, 닭은 헛간에 자리를 틀었다.
그리고 엄마는 내가 보리쌀이나 조를 조금 닭들에게 던져 줄 때는
불같이 역정을 내더니 자리를 튼 놈에게는 먹이는 물론 물까지 깨끗한
그릇에 떠다 주고 있었다.
낮 동안은 굴렁쇠를 굴리는 일밖에 딱히 일이 없는 내게

문득 아! 저놈도 지구가 둥글어질지 모른다는 불안에 병이 났구나 그렇다면 지구가 둥글어지는 일이 실제 벌어질 수 있어

나는 물구나무를 선 채,

깊은 골짜기나 물에 빠져 죽겠구나.

시간이 지날수록 내 불안을 확인시켜 주듯이 자리를 튼 놈에게는 누렁이도

하나밖에 없는 수탉도 근접 못하게 식구들은 보이는 즉시 쫓아내고 있었다.

네모여야 붙어 있지 둥글면 어떤 장사가 들고 있지 수삼일이 몇 번 지나 지구가 둥글다는 굴렁쇠도 믿기지 않아 내일은 다락방에 처박아야지 하는 마지막 날에 굴렁쇠를 허리에 끼고 두 마리의 병아리가 껍질을 깨고 나오는 것을 보았다.

그리고 근심에 병이 나 자리를 튼 줄 알았던 닭이 소리 높여 우는 것이 '지구는 둥글어도 괜찮아' 하는 위안으로 들렸다.

본다, 그럼으로써 듣는다. 그리하여 생산한다

일어난다.
해가 뜨고 바람이 불고
비가 내리고 눈이 내린다.
꽃이 피는가 싶더니 지기도 한다.
피곤하다.
눈을 감고 본 것을 다시 듣는다.
여울에 발을 담그기도 하고
싱그러운 산 속에 있기도 하고
바다의 태풍을 만나기도 한다.
잠이 든다.
꿈속에서 기쁨과 분노가 대결한다.
정화를 이룬 순치의 아침과
정녕 이대로 멈췄음 하는 불치의 아침이 있다.
하지만 상관없다.
햇살처럼 화사하지만 또 냉엄한 오늘을
가능한 기쁜 마음으로 생산하러 나간다.

비행기 꼬리

산그늘을 비켜 서 있는
웅덩이에는 공복의 두꺼비 뱃가죽도 늘려 놓아
뜬 듯 감은 눈으로 연잎에 얹혀 졸고 있다.
그렇게 나른하고 따뜻한 시간이 조용하게 이어지면
웅덩이도 부글거리는 잠꼬대를 하며 눈을 감는다.
그러면은 이산離散이, 참혹함이 아닌 절정의 순도를 가진
수증기는 날아오른다.
그러다가 찬 공기가 막아서면 부딪힐 뿐 섞이지 못하다가
먼지와 소금입자에게 폐부를 찔려 뭉게구름이 된다.

네 호흡이 뜨거워 나는 사랑인 줄 알았다.
그런데 네 몸을 통과한 나는 얼어붙었고
너는 내가 볼 수도 없게 구름 사이로 사라졌다.
너는 잠깐 따뜻할 수 있는 재기만 가지고 세상을 돌고
그리움에 떠는 내 육신의 시간은 산모퉁이에 급하게 정차
한 후
아무렇게나 갈기는 소변보는 동안과도 같았다.

빛은 오는가?

세상은 지칠 줄 모른다.
무감각의 바다여
오류와 거짓 앞에 흥정만 할 뿐,
빛은 가린다.
선글라스와 눈만 보이는 마스크, 거기다 선팅까지
철저한 차폐는 인정의 말소를 등록한다.
길을 잃은 아이는 도움을 청할 곳이 없고
몸이 굽어 걷기도 힘든 노인을 침상에 데려갈
손길은 사라졌다.
색안경을 벗어 버리자.
무지개의 다리 위로 웃음 짓는 햇살이 있지 않는가?
무감각으로 지칠 줄 모르는 세상이 깨어날 수 있는 방법은
빛을 보고 눈을 뜨는 일이다.
신은 그것이 가능하게끔 우리에게 성능 좋은 기관들을 이미 주셨다.

변증법의 그늘

정正이다.
그렇지만 지속은 오만이 된다.
반反으로 변한다.
하지만 피의 바다다.
합合이란다.
오만과 피의 야합이다.

정正으로 시작한다.
정말 정일까 염려의 질정을 한다.
그래도 혹시나 반성의 정정을 한다.
여전히 미흡하여 자기 살을 베어 내는 숙정을 한다.

아파하지 않는 정은 정이 아니다.

사계四季

겨울을 먹어 버린 봄비가
잔설을 비질해 간 황토밭에는
어느새 먼지가 아지랑이처럼 피어오른다.

사람들은
따뜻한 봄바람에
'겨울이 가긴 갔어'
격려를 담고 이제 다가올 일 년을 셈한다.
그 기분을 아는지 다른 풀들은 싹도 내밀지 않은
밭둑엔 광대 꽃이 상모를 돌리고 꽹과리를 울리며
밀식密植으로 올라와 흥을 돋운다.

그렇게 가뭄이 들면 사람들은 양동이를 들고
곡식은 허파를 적게 열어 견디고
장마에 넘어지면 사람들은 대를 세워 일으키고
곡식은 지기地氣의 놀라운 생명력으로 꼬투리를 연다.

그렇게 대궁보다 많은 무게의 꼬투리를 달고

노랗게 고개 숙이는 콩밭에는
붉은색 자색의 나팔꽃이
수고하고 애썼노라고 군데군데 콩대를 타고 피어난다.

이제 정직한 농군들은 눈 속에 사랑방에 모여
아무 의미도 없는 까치담배내기를 하며 수고를 조금 덜어 낸다.

새순 전야

따뜻한 봄볕은
쟁기를 대기 전 돌을 골라내듯이
아지랑이도 아닌데, 눈의 분절을 만들어
흡사 사방이 고랑처럼 일렁거리게 했다.

'투득' 풀이 오르지 않은 논의 한가운데에는
마지막 타작이었던 약간의 짚더미에서
세 마리의 까치가 두 마리는 서로 기롱하듯
맴돌이를 하고 나머지 한 마리는 연신 고개를 갸우뚱하며
짚더미를 헤집고 있었다.
'아마 때가 되었는데 왜 풀들이 안 올라오지' 하는 용세龍勢였다.

돌아오는 길에 만난 농부는
낫을 가지런히 갈아 놓고
보습의 먼지를 털며 매무새 단단한 헛기침을 하고 있었다.

산은 산이고 물은 물이로다

매번 밤의 술자리는
지금까지의 내 삶이 만날 수 있었던
기쁨과 분노, 좌절, 희망까지도
기꺼이 삼켜 주었다.
그런 말이 안주였던 아침엔 공복이 입술에 들러붙어
취정醉精의 혼탁 속에서도
풀지 못했던 매듭을 찾아내 뒤척이게 한다.
'모르겠다'
달이 뜬다는 월출산을 하필이면 그것도 아침에
봄비가 투덕투덕
내리다 왜 왔는지를 몰라
걸음을 돌리려다 그마저도 귀찮은 듯
어깨를 때리다 멈췄다.
'배도 고프고 물도 없으니 오르지 말자'
'그래도 여기까지 왔는데 반만이라도 오르자'
비는 내 결정을 기다리는지 무성한 가지를 세차게
흔들다가는 또 뒤로 빠져 있다.
순간 운무에 버무려 오는 산의 향기

진한 솔향인가 싶더니
호흡이 깊어질수록 몸의 기관으로는
담아낼 수 없는 정기가 어느새 나를
중턱에 올려놓고 있었다.

"인자仁者가 요수樂水인가요? 요산인가요?"

중턱에 쉬던 중년의 남자 셋
오가피주라며 잔에 가득 건넨다.

"정상을 오르는 사람은 즐거움을 갖지 않네, 걸음이 무거워질수록 나를 밟고 가족을 때로 나라도 생각하는 사람이 있겠지만 그저 걸음으로 읽으려 할 뿐이네."

"산은 참아가면서 살아야 하는 사람들의 조용한 은신인 게야."

그들이 떠나고 눈알만큼 열리는 하늘은 비와 눈이 제 길대로 간섭 없이 떨어지고 있었다.

허기에 취기까지 가해져 꺼내 본 핸드폰의 충전량은 앙다문 이로 가득을 나타내고 있었다.

등산복이 아닌 트레이닝복은 자근자근
젖어들며 소매에 골을 이루고 있었다.

구정봉九井峰

하늘이 파 놓은 아홉 개의 우물에서도
물은 구할 수 없었다.
궂은 날씨 탓에 산행을 하는
몇 안 되는 사람들은 천왕봉을 거쳐
하행길에 들어섰는지
사람의 기척은 사라졌고
산을 올랐던 기억도 가물한 다리는
경련을 일으켰지만 감각은 지쳐 있었다.
'이제는 내려가야지'
어둑한 가운데 한 줄기 볕이 체질에 날려 온 듯,
구정봉 아래 기암들 사이로 군락을 이룬 억새풀을
조명하고 있었다.
그러다가 내 눈높이에서는 내리는 것이 없는데
세찬 바람을 타고 눈보라가
좌에서 우로 또 반대로
억새풀을 춤추게 하고 있었는데

무대에 다른 변수는 없이 눈보라에만 따라 일사분란했다.

옷이 계속 습기를 머금는 것으로 봐선 어쩌면 내가 눈이 되는 응결고도에 있었던 모양이다.

'이대로 내려가긴 무엇인지 모르지만 이 산은 감추고 있다. 부조된 마애불이라도 보고 가자.'

자그마한 표지판만 보고 구정봉 뒤를 돌아 나가는데, 정식 등산로도 아니었던 탓에

협소하고 로프가 걸려 있을 만큼 위태로운 곳이 많아 초행의 눈길엔 위험했고

내가 이리도 무모한 사람인 줄 알았으면 어쩌면 매표소에서 거절을 했을지도 몰랐다.

영암 들녘이 보이며 산길로는 끊어졌을 때, 비로소 길을 잘못 들었다는 사실을 알았다.

눈은 거세지고 몸은 탈진되어 구정봉에 마련된 벤치로 기어 나와

급한 대로 바위의 눈을 긁어 입에 넣었지만

말라붙은 입은 망가져 방치된 녹슨 펌프에서 나는 쇳내가 훅 끼쳤다.

몇 번을 넘어지며 내려오자 길에는 눈이 조금 밟혔지만 바위는 깨끗하게 씻겨 있어 그곳에서 가쁜 숨을 달래는데, 피곤의 끝에서도 의지는 '잠들면 죽는다'는 덕지로 나를 일으켜 세웠다.

이윽고 매표소가 눈에 들어오는 벤치에 눕자 나는 세상에서 구가할 수 있는 가장 편안하고 안정된 마음으로 마애불을 떠올렸다.

'당신을 찾다가 내가 죽을 수도 있었는데, 도대체 어디에 계신 겁니까?'

피곤한 몸은 쉬이 돌아오지 않았지만 마음은 뭔지 모를 포만에 미소 지으며 꿈결 같은 목소리를 들었다.

'너는 산 아래서는 비라 하고 조금 올라와서는 진눈깨비라 하고 더 올라와서는 눈이라 부르면서 네가 나를 찾은들 나를 나로 보겠는냐?'

김이 무럭무럭 나는 짱뚱어탕에 소주 한 잔 부어 넣으니 어느새 마애불이 냄새에 못 이기고 내려와 코를 실룩이는 것 같았다.

생의 이법理法

종의 법

삥을 본다.

주인의 것이든 동료 몫이든

시간이어도 좋고 물건이어도 상관없다.

단, 크게 자리나지 않게 한다.

낚는다.

그러다가 주인의 눈태가 사나워질 것 같으면 엉뚱한 전달이나 애매한 글씨로 실수를 이끌어 낸다. 그래 놓고는 뒤로 슬쩍 묻힌다.

짖는다.

그것을 반복해 써먹기는 하나 주인이 의심의 눈초리를 거두지 않으면 사소한 실수나, 농으로 주고받던 이야기를 크게 부풀려 자기에게 향하는 따가운 시선을 일단은 진정시킨다.

문다.

하지만 시간은 누적의 결과를 드러낸다.

나무 한 그루의 열매가 크기는 비슷비슷해 보일지라도 주인은 그 안에 벌레가 파먹었는지 튼실한지를 분간하는 때가 온다.

그러면 입이 갖는 악력握力으로 약한 자를 윽박해 떠나보낸다.

운 좋게 성공한다면 다음 충원 때까지 삥보고, 낚고, 짖고, 무는 것으로 자리를 보전한다.

어디까지나 종으로서……

타자他者의 법

단 한 번도 이기려 들지 않는다.
삶이 수고로운 것도 성가시고
그렇다고 남이 잘못되기를 바라지도 않는다.
가진 것이라곤 개미의 더듬이처럼
영민한 눈치로 아무 데나 눕다가는
거적마저 빼앗긴다는 것은 알고 있다.

강에 바람이 불어 도리깨가 깍지의 내실內實을 열 듯 주인이 나타나면 허둥지둥 황망한 일을 벌이고 바람이 지나가면 그뿐,

그는 수면 아래의 사람이 된다.

그래서 어린아이가 들어와도
그를 끄트머리라 부른다.

주인의 법

그는 매사에 조신스러워 들레는 일이 없다.
주인의 곳간을 엿보지도, 자기 공을 말하지도 않는다.
더욱 떼법엔 끼지 않기에 있는 듯 없는 듯 마른 갈대가
황량한 바람을 탓하지 않기에
죽은 듯이도 보인다.
손이 바지런한 그는 단순함만이 줄 수 있는 사유의 장막에
든다.
가 닿을 수 없기에 더욱 온전한……
부스럼 같고 버짐처럼 얼룩으로만 남는
지금까지의 추동推動
그래! 종이다. 열리지 않은 입속을 공명한
이 말은 두레박 같은 마찰을 일으키며
삶은 신열이라 말하지 못하게 한다.

견딜 수 없는 것은 고정되는 것이다.
거짓말이 습관이 되어 잔병을 앓고
게으름이 사고를 부르고
그렇게 습관이 거대한 생의 허상으로 자라는
것을 봐야 하는
지금까지의 추동이 미련한 그는
갈대가 계절이 바뀌어 그 자리에서
다시 잎을 키울 수 없다면
홀씨로 날아 새 사유의 터전을 찾듯
미련 없이 떠난다.
그러면 그가 묵묵했던 자리가 하나하나
들어나면서 그들은
'엠병하다 갔네' 라고 자기의 수고로워진 손을
탓한다.

부록-강아지

다른 사람은 힘들어 죽는데도
자기는 부뚜막 위에 올라가 따뜻이 있다가

주인이 나타나면 꼬리치고 달려 나가 다른 사람의 수고를
자기 것이라 고하고
동선까지 지키며 자기는 공손한 종이라 아부하여
주인의 눈을 멀게 하지만 필경은 언제나 입속에
담고 있던 다른 사람의 피로 주인의 심장을 겨눈다.

슬픈 아리랑(Sad arirang)

Once upon a time with my baby on the hill
but he went gone.

즐겁게 고개를 함께 넘던
아이는 마음속의 하늘이 되고
처량한 내 노래는 친척이 같이 불러주다가
이제는 모두가 함께 하는 외로움의 위로가 되었다.

시는,

기쁨이 오면 들킬까 봐 숨겨둡니다.
인정 없이 매정한 놈이지요.
화가 나면 분함 대신 질문을 합니다.
자기 잔이 아니면 마시지 않는 영악한 놈입니다.
슬픔이 오면 골방에 숨습니다.
애통을 끌어올려 화해하는 무서운 놈입니다.
즐거움이 오면 작은 잔으로 떠먹습니다.
진짜 배 부르는 법을 아는 낮은 듯 항상 위에 있는 놈입니다.
하지만 이놈이 정말 무서운 것은
겸손을 안다는 것입니다. 시는,

"왜 그랬어?"

형기刑期가 나이인 수감생활은
그래서 노인인 무기수 형님은
지팡이 대신 은팔찌를 끼고 위에 계시고
살인에 이십 년형은 되어야 맏형의 지위로
형님 밑에 누울 수 있고 칠팔 년의
잡범들은 숨도 허락받은 만큼 쉴 수 있다.
무더운 오후,
형님이 은팔찌를 치켜 올리며
"아! 무료하다."
말씀 한마디에 방 안의 모든 움직임과 숨도 정지한다.
처분만이 남아 있는 절대공간.
다행히 오늘은 칼싸움이나 한번 하자로 넘어가신다.
"이놈 제법인데."
휘두르는 은팔찌를 맏형은 아무리 아파도
표정 하나 흩트리지 않고 막아낸다.
"좀 쉬어야겠다."
맏형이 무릎을 꿇은 사이로 칠팔 년의 동생들이
안마를 하기 위해 달려온다.

형님이 눕기 전

그래도 맏형인 이십 년에게 한 말씀 하신다.

"왜 그랬어?"

맏형은 꿇어앉은 채로 머리를 조아리며

"면목 없습니다. 형님!"

안마를 하는 수선 사이로 맏형은 창가로 나가

안마에도 끼지 못하는 삼 년 막내에게

햇볕이 아닌 살을 파고드는 햇살이 그립다고 되뇌고는

둘은 멍하니 갇혀진 햇볕을 바라본다.

입동立冬 무렵

엄마에게 꾸중 듣고 나온
초가지붕 밑에는 고드름이
어린 내 손에 쉽게 부러지는 삭정이처럼 허전하지만
한편 울컥 커 버린 찬란함으로 떨어졌다.
반은 파랗고 나머지는 하얗게 변한 파의 겉잎 같은 나이,
종이배의 선원처럼 부산스러웠지만
백지와 같은 빛깔로 닻과 같이 정성停聲하려는 욕심은
병이 깨질 때 같은 파열로 이때껏 앓고 있다.
무작정 반가운 기색 없는 어부들과 아낙들이
단거리 경주에서 단발의 일이 등처럼 한쪽이 내려치면
그 힘을 받아 더 쎄게 후려치며 그물을 터는 곳으로 갔다.
시린 진공으로 오히려 맑아진 음성 같은 겨울이
지시락물처럼 내려앉아 어깨를 움츠려 목에 건다.
'손이 터는 일은 다시 세우는 것, 겨울이 세워져야 익기도 해서 깊어지면 조금 쉬게도 될 거야.'
비로소 생의 의미를 획득하고 상자에 담기는 고등어, 조기.
상자는 안식이고 제례를 치루는 이들의 단단하고 긴 예복은 더 이상의 의식을 방해하지 말라고 말하는 것 같아 종종

걸음으로 포구를 빠져나왔다.

멀리 목포대교는 최고 속력의 팽이 같은 바람에 어지럽게 하늘 밑까지 밀려나고

어민과 어족을 동시에 보호해야 하는 어업지도선에는

유달산이 걱정스런 엄마처럼 돌아 앉았다가 자신도 모르게 불쑥 발돋움으로 배웅하고 구부정 돌아오는 만선의 깃발은 없지만 그래 이게 정량定量의 하루야 하는 표정으로 담배를 피우는 사내 주위에는 솜사탕이 반가운 새끼들처럼 갈매기들이 이 무렵에 가장 맛있게 말라가는 시래기를 달라고 분주하다.

신문을 넘기며

나였다면 아마 어휴! 하고 도망갔을
목숨을 건 희생이 있고
가진 것 이상을 베푸는 성자의 진실이 있다.

가슴 한편에 좁음 같은 부끄러움이 밀려든다.

아니란다. 그때와는 상황이 달라졌다고
카멜레온은 위협을 벗어나기 위해서라지만
자신이 한쪽밖에 볼 수 없는 외눈의 괴물임은 숨기려 든다.

풍차를 괴물로 만드는 고귀한 기사騎士가 싫어 신문을 덮는다.

양성의 악마

처음에 그를 보면
아에서 어로 넘어가는 알아들을 수 없는 나태한 소리를 지르다.
그러면 말을 붙이기가 싫어진다.

그녀는 처음에 나타나서는
금속이 긁히는 것 같은 톤으로
날씨에 대한 불평을 숨이 넘어갈 정도로 털어놓는다.
그러면 부탁할 게 있다가도 접는다.

그를 두 번째 만나면
화통이나 고동처럼 고막을 찢는 커다란 소리로
눈도 마주쳐서는 안 되는 위계를 정한다.
그러면 지나가는 사람이라도 외면하게 만든다.

그녀를 두 번째 만나면
세상 예쁜 척, 자기는 별나라 사람인 양
스스로 칭찬하다 간드러진다.

그러면 누구라도 옆에 있는 사람은 오늘이 싫어진다.

그를 세 번째 만나면
세상 짐을 하나라도 덜 들으려는 노력이 역겨워
주변이 괴로운 마음으로 나눠든다.

그녀를 세 번째 만나면
지상의 사람들은 천상의 꽃을 훼손하려 드는 악마가 된다.

어쩌다가 그와 그녀가 조우하는 경우가 있는데,
둘은 서로의 속성을 잘 알고 있어 다친다는 것을
교감하기에 지나가는 세상 무럼했던 사람의 차 한 잔
마시는 모습마저도 힐난의 대상이 된다.

어둠의 제련

밀실의 통정으로 고단한 너,
검은 실루엣이 반 남은 글라스를 넘기고
화려한 비단에 누워 보지만 추위에 떠는구나!
그럴 수밖에,
유산인 것을……,
자유는 이념 앞에 갈갈이 찢어지고
평등은 가난한 아버지를 세습하는 것에 지나지 않았다.
정의는 탄환이 되어 박혔다.
소통의 거부, 너의 궁전의 거대한 옹벽이다.
가끔 밖이 소란스러우면 소화되지 못한 육질의 트림을 한다.
자유는 가진 자의 권력이고
평등은 입맛에 드는 육질을 고르기 위한 체이다라고
그리고는 어떤 고통에도 반응하지 않는 퀭한 눈으로
정의를 실현하는 것은 총과 대포라고 커튼을 닫는다.
어둠은 공포의 터널에서 더욱더 무섭게 제련된다.

어린 목동

누가 시킨 적도 없는데
학교에서 돌아오면 어린 목동은
마당에 매여져 있는 줄을 풀어
계곡이나 산 밑에 풀이 많은 곳을 찾았다.

뭐랄까! 아직 보살핌이 필요한 나이지만
여름 긴 해를 새벽부터 어두워질 때까지
산에서 들에서 보내야 하는 어른들을 보면서
자연히 체득한 삶의 질서 속에 자리 잡으려는
본능과도 같은 의지가 언젠가 할아버지가 한 번 보여준 적 있는
소를 돌보는 일에서 목동이란 존재를 얻게 되었는지도……

그래서 소를 돌보는 일은 기특한 직업이기도 하고
한편 어린 그에게는 재밌는 놀이가 되기도 했다.
밭을 가는 일소는 순한 사람의 성정을 닮아
사람을 보채거나 위협하지 않아 비록 어린 목동의 말이긴

하지만

하라는 것과 하지 말라는 것을 구분할 줄도 알았다.

두 마리의 암소와 송아지 하나 가운데의 어린 목동은

산보를 나선 단란한 가족처럼

때로 목동이 잠들면 옆에는 송아지가 눕고 어른인 암소는

행여 방해라도 될까 멀찍이 떨어져 주저앉아서는

소리 나지 않는 새김질을 하며

목동의 잠이 깰 때까지 정물처럼 고요하게 있었다.

목동이 유일하게 화내는 일이 하나 있었는데

그것은 애써 연하고 풀이 많은 곳으로 데려가면

소들은 성의 없이 듬성듬성 윗부분만 핥듯이 베어 먹고는

밟아친 것이 더 많았고 거기다 똥까지 아무렇게나 갈겨 놓아

자리를 옮겨 주어야 하는 일이었다.

어린 목동이 나름 격앙된 목소리로

왜 알뜰하게 먹지 않느냐고 할라치면

소는 껌벅껌벅 두어 번 눈을 마주치다가는

목을 흔들며 방울 소리를 냈다.

그러면 목동은 용서의 의미를 목덜미를 긁어 주다가

자리를 옮겨 주지만 그곳에서의 소들의 행동은 또 똑같았다.

해가 뉘엿해지면 송아지는 바빠졌다.

어미 곁에서 빠른 단속斷速의 울음을 울다가

목동에게 와서는 주위를 맴돌며 겅중겅중 뛰었다.

그러다 집이 보이면 제일 먼저 달려가서는

문간에 지켜 서서

대문에 들어서는 순서인 어미를 목동을 그리고 이모까지도

킁킁거리며 혹시라도 있을지 모르는 이방인을 경계하는 것 같았다.

어린 목동이 조금 더 자라

풀을 지게 가득 벨 수 있게 되었을 때, 소들의 얌체 같은

행동을 이해할 수 있었다.

그때 소들은 자기는 필요한 만큼만 먹고 잡초는 밟히면 퍼

진다는

사실을 알고 거기에 거름 주는 일도 잊지 않았었다.

해서 어린 목동은 멀리 가지 않고도 일주일이면 같은 자리에 가서

더 신선해진 풀을 뜯길 수 있었다.

열여덟

4주의 훈련을 받는 동안

옆자리의 창남이는 조금 어눌하긴 했어도

악의는 없어 모든 신고를 대신 해 주어야 하는 수고에도 담배를 피우지 않던 창남이는 제한된 공급이라 떨어지면 사물함 깊은 곳에서 꺼내 소리 없이 건네주어 나는 담배 부자로 훈련을 마칠 수 있었다.

문제는 점호였다. 보초를 서러 가는 신고는 내가 하면 그만이었지만

엄한 내무반장이 마지막 취침점호를 하는데, 창남이의 처음 번호는 열여덟이었다.

하지만 훈련이 진행되면서 작업을 끝내지 못한 훈병이 있기 마련이어서 창남이는 열일곱이나 때로 열넷까지도 내려와야 하는데 끝까지 열여덟이었다.

"머리 박아, 다시"

중대신고도 해 본 경험이 있는 내 목소리는 누가 들어도 문제가 없어 내가

다섯을 외치면 여섯을 해 주어야 하는 창남이는 열여덟이었다.

열 번을 넘어 밤이 샐 때까지 할 기색이 되자 나머지 사람들은 머리 박아라는 명령에 고개만 숙이는 시늉으로 끝내고 있었지만 이 일의 연유인 창남이와 나는 열심히 머리 박아를 해야만 했고 다행히 결원이 채워져 여덟이 완성되었을 때, 우리는 취침을 할 수 있었다.

하지만 화가 나기는커녕 엄한 내무반장도 별도의 벌칙 없이 나갔는데, 나는 잠들기 전 그 이유를 알았다.

고향을 떠나 낯선 곳에서 나라를 지켜야 했던 내무반장도 여덟이라는 가락에 실려 부모님도 만나고 친구도 보고 오는 길이어서 그는 숙소로 가는 눈 위에서 즐거워서 배를 잡고 굴렀으리라고……,

영혼을 삼키다

출가한 딸만 다섯인
구舊이장네 맏사위는
아들 없는 장인의 허전함을 헤아려
동네 대소사도 먼 길을 마다않고 챙겼다.

그러다가 아들보다 어린 처남을 얻은 후로는
동네일에는 얼굴도 안 내밀고
'내 처남 아들보다 귀한 내 처남' 하며
장인 장모에게는 변변한 옷가지 하나 사 오지 않으면서
처남에게는 최고인 것만을 선물했다.

끝내, 아들 욕심을 버릴 수 없었던 구이장이
그저 삶의 가락이 그렇듯 한 번 올라앉으면
좀체 내려오기 어려워 선술집 작부로 도는
여자를 윗마을에 숨겨 두고 낳은 아들이었다.

소문은 구이장이 새 살림집을 드나들 때부터 났지만 누구
하나 타박하는 사람 없이 오히려 속으로 좋은 소식을 기대

했고,

아들을 보았을 때는
장모는 둘치의 멍에를 벗겨 준 그 여자가
고마워서 사람을 사서 보내 산후조리를
시켰고 젖을 뗄 무렵에는
손수 내려오고 싶어도 내려올 수 없는
가락에서 벗어날 수 있을 만큼의
한 살림 떼어 가 얻어 온 아들이었다.

이름도 향기였다. 그가 웃으면 가족도 웃고
그가 울면 가족도 울었다.
어린애의 배변을 돕기 위해
두 손을 받치고 받아내는 장모의 모습이
이제는 그냥 하나의 풍경이 되었다.

너무 귀해서였을까?

운명의 시기猜忌는 또래나 약간 위의 아이들과 산으로 들로 다니던 다섯 살에 덮쳤다.

'향기가 물에서 잔다' 는 아이의 전언을 들은
동네 청년이 사력을 다해 달려갔지만
이미 싸늘한 시신이 되어 있었다.

구이장네는 통곡조차 남아 있지 않았다.
장모는 시신을 내어 줄 생각을 하지 않아
하는 수 없이 동네 사람들은 경찰관 입회하에
장모를 떼어 내고 맏사위만 데리고
화장장을 다녀왔다.

오전에 방으로 들어간 유골함은 나올 줄 몰랐다.
장모는 유골함을 부둥켜안고는
'한 하늘의 정성으로 모자라 두 하늘의 치성인 내 사랑이
어찌됐단 말이냐?' 며
울다 자진하다를 반복했지만
눈짓만으로라도 내어 주면 대신 아픔을
얼른 치워 주고자
마당을 지키는 동네 사람들은 도저히

나설 수 없었다.

저녁 무렵에 결국 산으로도 강으로도
갈 수 없었던 영혼은
아픔에 고요히 누워 있는 장인과
실신한 장모를 두고
맏사위가 유골을 한 줌 들어 등 돌리고
흐느끼며 삼키자
나머지 가족들도 한 줌씩 들고 구석으로 가
흐느낌 속에 삼켰다.
그러자 마당을 지키던 동네 사람들도
슬픔에 복받쳐
마당으로 대문 밖으로 나뒹굴며 함께 통곡했다.

그날 하늘도 호곡하는지
산마루에는 검은 노을이 뒤덮인 사이로
베 끈을 동인 것처럼
한 줄기 띠가 나타나면서

어린 영혼이
깃들 수 있도록
인도하고 있었다.

이상한 거래소

한 되를 빚지거든 반드시
한 되는 갚으세요.
한 말을 빚지거든 반드시
한 말 한 되는 갚으세요.
가마니로 빚지거든
가마니에 반 가마를 더해 갚으세요.
저는 청구한 적도 받은 적도 없는데,
저와는 상관없는 거래잖아요.
살아 있잖아요? 무서운 빚이에요.
경건으로도 모자랄 거예요.
저는 그럴 마음도 없고 당신은 계측하는 수단도 없는데,
저는 거래소를 나가렵니다.

선택은 당신 자유예요.
죽음 앞에 설 당신 양심이 자유로울 것인가, 질식할 것인가는.

잡는다

돼지는 꼼짝 못할 만큼의
쇠우리에 들어가 목을 찔려
피를 다 토해 낼 때까지 괴성을 지르다 죽는다.
목욕탕의 때밀이는
구석구석까지 뒤져 때를 잡는다.
폐차장의 인부는 압착으로 차를 잡는다.
꼭 필요한 일이기에 잡고 잡힌다.

좋은 일이 있다고
행운이 될 거란 말에 넘어가면
말에 잡혀 괴성을 지르게 되지만 너무 늦는다.

장場마당과 장張마담

장場에 가려면
잘 말려 둔 고사리와
더덕 잔 데를 마련해야 하고
조금 목돈이 필요할 때는 팥도 한 말 가져간다.
흥정이 오가지만 고만고만한 시장가격이다.
필요한 물건을 구할 때도 조금 과하다 싶으면
에누리는 떼어 낸다.
누구 상품 어느 상인
성실과 진정만이 예우된다.

장張에 가려면
능력은 검증할 방법이 없고
피도 눈물도 없는 처세를 잘해야 한다.
그마저도 기회가 쉽지 않다.
어렵사리 장張에 도착했을 때에는
준비금이 너무 많았다.
마담의 수완이 필요하다.
직급도 팔고 사업권도 팔고

팔 수 있는 모든 것이 포함된다.

그러다 걸리면 어차피 뒷거래 물고 물리고 있어

보복이라고 생뚱거리면 된다.

어떤 상황도 당황하지 않는 표정관리가 필요하다.

정녕 사랑을 하시렵니까?

사랑은 땀방울에 부는 산들바람입니다.
〈수고를 내 것이라 하지 않습니다.〉
사랑은 겨울을 견뎌 싹을 틔우는 흙입니다.
〈아무리 아파도 신음하지 않습니다.〉
사랑은 가뭄에 메말라 버린 가지를 다시 살리는 비입니다.
〈온전함을 바라는 애통입니다.〉
사랑은 자신마저도 태워 따뜻함을 주는 불입니다.
〈뜨거워 탈망정 내가 있었다 하지 않습니다.〉
당신은 정녕 사랑을 하고 계십니까?

중환자실에서

어린아이는 코마 상태로
주사바늘로 우유를 마시고
사지가 마비되어 도움 없이는 꼼짝도 못하는
사람은 투정을 부리다 대꾸하는 이가 없으면
변을 가리지 않겠노라 위협을 해서라도
자기가 살아 있음을 가르쳐 달라고 애원하는
중환자실에서 시간마다 물어오는 대통령 이름을 말하느라
피곤이 곤죽이 되어 밝아 오는 빛에 의지해 잠깐 잠이 든다.
기적은 왜 밤처럼 오지 못할까?

주먹의 행세

빈농에 한량이었던 우석네 아들은
어린 시절 동네에 있는지조차 모르게
또래들과 잘 어울리지도 않고 지나갔다.

그러다가 고등학교를 퇴학당한 후는
지독한 싸움꾼으로 변해 갔다.
대처에서 혼자 세 명을 상대했느니 다섯 명도
이겼느니 하는 얘기를 아이들은 골목에서 누구에게 들킬
까 봐
조마조마한 마음으로 주고받았다.

일 년 정도 복역한 후에,
어디서 촌 동네에선 보기 힘든 얼굴도 예쁘고
시골 사람들은 본 적도 없는 날개옷을 입고 다니는
마누라를 데리고 와 잠깐 머물렀다.
하지만 그 잠깐은 두려움이 보리이삭을 헤집고
나오는 바람처럼 언제든 맞닥뜨릴 수 있는 현실이 되었다.
아이들은 지금 어디에 있고 어디로 간다는 전화도 없는

시절

소식을 물어 날랐고 어른들은 귀동냥으로 들일을 포기하기도 했다.

우석네도 이사 가고
몇 년이 지나 들려온 얘기로는
옆방에 사는 사람이 자는 사이에 들어가
칼로 몸을 난도질해 버렸단다.

진공의 포물선

재력과 권력은 지향점이 같다.
거머리의 빨판처럼 모든 것을
삼키며 위로 위로 뻗어간다.

하지만 끝이 없을 것 같지만
신원의 때, 그동안 삼킨 다른 이의
눈물과 분노로 상승의 힘만큼 강하게
포물선으로 떨어진다.

정의를 망각한 모든 힘은 포물선으로 떨어진다.

자유

노모는 어떻게 돈을 마련했는지
집행유예가 선고된 호송차에서
줄도 없이 지정된 장소도 없이
오갈 수도 있었다.

남의 피에 대한 대가는 무섭고
가혹한 것이어서 실수로는 용납이 안 된다.
당연히 그 피를 신원할 때까지 자유는 박탈당했다.

그런데 스스로 하지 못하고
노모가 대신 해 주었으니
남은 날의 이유는 노모의 자유를 사는 것이리라.

피리를 찾는 인어

협곡에는 요정도 아니고 사람도 아닌

소녀가 피리를 붑니다.

그러면 험하던 이랑도 고요해지고

소리가 닿는 곳에는 구름도 사라졌습니다.

유전적으로(요정과 사람의 결혼)으로 요정이 될 수 없었던

소녀가 신에게 간절히 '저에게도 사람에게 귀히 여겨지는 역할을 주세요.'

라고 간절히 바라자 신은 평화를 가져오는 피리를 주었습니다.

협곡은 뱃사람들에게 안식처가 되었고 설령 적을 보더라도 악수를 나누었습니다.

그런데 자신의 힘을 마음대로 조정하는 소녀가 괘씸한 바다의 신이

욕심 많은 왕자를 꾀어 피리를 뺏어 오면 야욕을 돕겠다고 했습니다.

왕자는 소녀의 마음을 얻으려 귀한 보물과 많은 공주를 달뜨게 했던

사랑의 고백을 하지만

피리가 갖는 힘으로 소녀 곁에는 가까이 다가갈 수도 없었습니다.

그래서 그녀와 가끔 친구하러 오는 요정에게 끝까지 따라가 거짓 사랑을 고백하며

도움을 청해 보지만 소녀의 마음을 얻게 할

방법을 모른다 했습니다.

그러다 너무 멀리서 와 하룻밤을 지냈던

요정의 시종이 그만 비밀을 알려 줍니다.

"소녀는 아무것도 안 먹지만 하루에 한 번 협곡 위의 커다란 나무의 이슬을 마셔야 하기 때문에 그때는 피리를 손에서 놓습니다."

먼저 가서 지키던 왕자를 알아채지 못한

소녀는 이슬을 먹기 위해 나무를 올라갔습니다.

왕자가 황급히 피리를 집어 들자 소녀도

부랴부랴 내려왔지만

처음부터 사랑에는 관심 없었던 왕자는

바다의 신에게 피리를 던졌고

소녀는 그것을 잡으러 뛰어들었지만 잡지 못하고

거의 죽어 가고 있을 때,
피리를 주었던 신이 가엾게 여겨 인어로
만들어 주어 아직도 피리를 찾아
먼 바다를 헤매고 있습니다.

표류

오오 분노여!
왜 그리 사납기만 한가?
한 사람의 무의미한 여행자와 무슨 상관이 있기에
예상치 못한 폭우 앞에 단지 살기 위해
사력을 다해 노를 젓고 키를 잡던
손길들을 뱃전에 널브러뜨리고
조그마한 자비도 없이 뜨거운 태양으로
다시 뜨는가?
말라붙은 가죽 내가 목구멍으로 스미더니
서서히 가슴 전체로 퍼지며 폭풍과 열사에서
살아야 한다는 의지도 살아 있다는 인지도 없던
눈을 띄웠다.
여인답지 않은 각진 팔, 허리에 두른 단검
하지만 햇볕에 그을린 사이로 푸른 눈동자는
나의 구원을 말하고 있었다.
가족의 환대 속에
우리는 섬의 제일 꼭대기에 올라
야자수 밑에서 나는 내 생을 다시 길러 준

그대에게
가능한 모든 은유, 아침 별, 꿀벌의 군이
싸우기 싫은 경고
나비의 꽃에 대한 게걸스러운 연모,
달빛이 침상에 이불처럼 내려앉을 때,
우리는 생의 최초와도 같은 뜨거운
입맞춤을 나누었다.

당신은 단검을 내게 주어
밀을 수확하게 하고 사냥을 가르치고
이제 햇볕에 그을리지 않은 단아한 얼굴로
풍요로운 저녁의 연회를 준비하고
상냥하고 선량한 이웃은 기쁨에 취해 돌아가네.
아름다운 때여, 바다와 계곡은
더 이상 저주를 말하지 않고
싱그런 과일과 암탉은 계란을 잊지도 않고
잘도 낳는구나.
귀환명령을 받는 날,

나의 열정적으로 외치는 신의를
그대는 단검을 다시 받아 집 속에 넣고는
"당신은 표류했을 뿐이에요,
내게는 먼 이방에서
당신의 말을 의심하지 않고 순종할 수도 있어요.
그보다는 당신은 명령 때문에 돌아가야 하고
우리가 이루었던 온전한
합일의 공간인 이곳만이,
당신의 따뜻한 음성을 추억할 수 있답니다.
모든 것을 잊고 당당히 떠나세요,
그리고 생에서 진짜 난파당하거든 오세요.
여전히 암탉은 당신을 위해 계란을 낳을 것이고,
당신의 아이는 기쁨과 경외를 가지고
당신을 맞이할 것입니다."

하늘 아래, 땅 위에

하늘 아래
가뭄을 알리는 회색구름이 있고
큰 섬 작은 섬이 중첩되어 나타나고
물 빠진 갯벌에는
파란 감태를 뒤집어 쓴
숨겨져 있던 푸른 목장이
태고의 숨결대로 펼쳐져 있는
선착장에 나는 소주잔을 들고 있다.

선착장에 소주를 들고 있는
내 앞에는
태고의 숨결처럼 손때 묻지 않은
감태밭이 펼쳐지고
돌 던지면 맞을 것 같은 조그만 섬 뒤로
첩을 이뤄 울창한
숲이 된 섬이 나타나고
그 위에는
건조한 회색구름이 무심히 쳐다보고

모든 것을 초연한 듯
하늘은 여전히 위에 있다.

하늘 아래, 땅 위에 나는 직선으로 취한다.

하구언에서

남편에게

아직 돌아오지 않는
당신을 기약 없기에
오늘일 수 있다는 절박한 마음으로
무슨 일을 하든 눈은 대문 발치에 가 있습니다.
하지만 여자의 속은 그리 넓지 못한가 봅니다.
저녁이면 당신이 언질도 없이
몸을 타고 오를 때에는
정숙한 절개가 가지는 미소를 잃지 않았습니다.
그러나, 기다림도 삭아져 버린
게을러진 여자는 집 안 소제도 포기해 버렸습니다.

아내에게

바다 일은 당시도 알다시피
그리 수월하지가 못 하오.
폭풍에 상처 입고 조류에 쓸려
밑바닥까지 가다 보면
등허리가 찢어질 정도여서

저녁에 당신에게 기어들 때는
아름답게 사랑을 채근할 여유도 없이
그저 부드러운 당신 살결을 포악스레 탐할 뿐이었소
그렇지만 성냄이 없던 당신은
소금기에 절은 내 몸을 곱게 씻어
다시 일터로 향하게 했었소.
그렇지만 위로를 잃어버린 지금의 나는
당신이 동료 몫까지 챙겨 주던 맛있는 도시락 대신
마누라 뺏긴 표독을 바다에 독하게 풀고만 있소.

어미가 자식에게

매가 그리도 모질었더냐?
아니면 부모 자체가 징그러웠던 것이냐?
아버지와 나는 다른 성性이지만 한 몸이었기에
우리에겐 생명의 교환이 있었고
우주가 순환되는 숨을 만들 수 있었다.
그렇게 존재 이전의 존재였던 우리의 등허리를 잘라 놓아
나의 유방은 썩은 고름을 토해 내고

아픈 생명이 깃들어 치유되는 것이 아니라
썩은 고름을 먹고 아예 죽어 버리는
주검의 어미가 되었다.
이제 와 부질없는 소리이긴 하지만
내가 때린 매는 아버지가 너희가 버릇없다고 무섭게 든 매를
나는 몸이 찢어지도록 먼저 맞고
아버지의 노여움이 가라앉도록 자그맣게 든 매였다.

관광객

하구언 가운데에 자리 잡아
김밥 한 줄 풀어놓으니
어느 쪽이 강인지 바다인지 파란 물빛으로는
구분이 안 되고
잔잔한 쪽엔 요트가
너울이 이는 곳에는 고깃배가 떠 있었다.
하물며 물밑 사정이야 더 물어 무엇하겠고
다만 양쪽을 넘나드는 바람에 풍욕風浴을
즐기기에 더없이 좋았다.

화장장의 연기는 오르고

관측 이래 최고의 가뭄은
채소 값을 폭등시키고
흔하던 제철 과일도 외면하게 만들었다.
엄마 손처럼 장맛비가 쏟아진다.
배앓이를 진정시키던 손처럼
'그래 이제는 괜찮아 엄마가 왔잖니!'
그립던 비를 조금이라도 가까이서 맞기 위해
올라간 옥상은 생각지 못한 일들을 만났다.
어디서 빗길 사고가 났는지
요란한 소리를 내는 앰뷸런스는
늘어진 차량 사이를 제워 빠져나오고
아량 잃은 도로는 제멋대로 끽끽거리고
일을 잃어 술에 취한 노동자는
같은 노래임에도 저주처럼 들리고
멀리 화장장의 연기만
푸른 배경을 깔고 선명하게 솟아오른다.

허이여난 난허이후許以與亂 難許以後

– 이생의 어려움을 더불어 허락했지만 다음 생은 허락하지 않겠습니다.

솔가率家에 붙들려 있자니
산천山川의 문시文視가 궁굼하여
불비不備의 수객愁客이 되어
장강長江가의 당도에 이르렀을 때
혼자서 아내의 장례를 치르는 노부를 만났다.

측은하기도 했지만 다른 이들이 자기 일을 하면서도
돕지 않는 것이 괘씸해 다가가 연유를 물었다.
처음에는 쓸데없는 객이니 돌아가라 했지만
진심을 가지고 돕는 나를 한참 후에야 바라보았다.

백발임에도 노안은 불을 밝힌 듯
사람의 심사를 읽을 듯했고
깊은 주름은 많은 이해를 담고 있는 것 같았다.

알량한 문사로 평생을 지내며
아내는 노동에 지친 몸으로 돌아가고
아들은 부랑의 길을 떠나고 말았으니

내 천리天理를 꿰뚫은들 무슨 소용이 있으리오.
이제 아들을 찾아 회개의 문초를 달게 받음으로써
아내의 운명을 헛되게 하지 않는 것이 사람으로서
내게 남은 마지막 일이라오.

흙을 덮고는
바지랑대를 이용해 땅을 다지며
"허이여난 난허이후"를 통곡하는데
처량하기 그지없었다.

휴식

겨우내 얼어붙었던 남양저수지도
귀비貴妃의 헤살 짓는 호흡 같은 봄기운에
완고하기만 했던 몸을 가장자리부터 참 쉽다 싶을
정도로 풀어헤치고 있었다.

하늘은 색을 분간하기 어려울 정도로 기운을 잃고
그만큼 어둠의 때도 알 수 없는 잿빛 속을
가오리 떼가 날아왔다.
저수지에서 반대 논밭의 끝까지 거대한 활의 대형으로
방해라고는 이따금 지나는 차 소리,
그냥 대오를 이탈하는 놈에게 향하는 경적이었다.

하품이 날 정도로 느린
기는 아이에게 재미삼아 불어보게 하는 팔랑개비 같던
유영을 어둠 때문이었을까 졸음 때문이었는지 가오리 떼가
사라지는 모습은 보지 못 했다.

봄비가 오전 내내 창문을 두들기고

오후에 마실 간 저수지는
도륙屠戮이면 저럴까 싶을 정도로
얼음 한 조각 남아 있지 않고 또 어디서 왔을까?
청둥오리의 활강이 이어지고 있었다.

지금 가오리는 어제의 여유로웠던 휴식의 기억을 가지고
또 얼마나 먼 길의 도상에서 사력의 날갯짓을 하고 있을까?

화술話術

명령을 하려거든 직유하세요.
자발성을 끌어낼 것입니다.
사랑을 전하려거든 은유하세요.
마음의 전이를 느낄 것입니다.
화를 내려거든 대꾸하세요.
정당함을 얻을 것입니다.
웅변을 하려거든 환유하세요.
동감을 얻을 것입니다.

그중에 절창을 이루면 사람들은
상징이 되었다 이를 것입니다.

회관에 모이세요

다섯 가구만 사는 깊은 산골에
나라에서 방송시설을 지원해 주었습니다.
그래서 산에 있든 들에 있든 누구나
공지가 쉬워졌습니다.
하루는 A씨가 가라는 안건을 방송했습니다.
시간이 지나 C씨가 가가 아니라
나라고 방송을 합니다.
그러자 D씨가 급하게 달려와 다라고 외쳤습니다.
저녁 무렵에 방송이 성가셔진 B씨가
모두 회관에 모여.
그렇게 많은 이야기 속에 가와 나로 압축은 되었지만 끝내
합의는 이루지 못했습니다.
가를 제안한 그래도 산골의 버동인 길목의 A씨는
B, D씨를 데리고 저녁을 먹으러 가고 차상인 C씨는
E씨를 강제로 끌고 가 저녁을 따로따로 먹었습니다.

훗날, 어느 때쯤에는

당장은 어렵겠지요.
화관을 쓴 당신의 미소를
지금은 안 되겠지요.
당신 가슴에 안겨 실컷 우는 울음을
다만
훗날 어느 때쯤에
당신 미소 앞에 감격하는 울음을
쓰다듬어 주시리라 믿어요.

항해

비는 눈알을 파내고
너울은 뱃전을 90도로 들었다
내팽개치고 극심한 추위와 배고픔은
네 운명을 허명이라 부르도록 강요하지만
나의 길은 인간이 오래전에 잃어버린 진주를 찾아가야만 하는
아주 먼 여행이기에 어떤 고난과 간난도 내게 신산을 주지 못하니
쓰러뜨리고 넘어가 정복하는 기쁨만이 내 잔이 되나니
이제 항구가 멀지 않았으니 시시한 사내들의 얘기로 늙어버린 창부는
진실을 가리기 위해 화장을 고치지도 램프의 심지를 돋울 필요도 없이
눈물로 고개를 떨구리라.

유년幼年의 재벌

재벌가는 산비탈을 오르며 만들어진 계단식 논배미가 끝나는 중턱에 뒤로는 아름드리 잣나무 숲 밑에 있었다.

재벌가의 남다른 삶은 앞산 응달 참나무 밑에 첫눈이 오면 쌓여 얼었다 녹았다를 반복하며 밟으면 눈이요, 긁어내면 얼음인 잔설이 봄비에 씻기어 가면 본격적으로 시작되었다.

우선 땅속 김치광에서 아주 익어 군동내가 나지만 현명한 안방마님은 버리지 않고 약간 헹구어 낸 다음 질리도록 김칫국을 끓여, 종일 신내가 가시지 않는다는 불평에도 김치가 바닥을 드러낼 때까지 계속되었다. 그러면은 어느새 텃밭에는 열무며 얼갈이가 촛불을 잇대어 켜 논 것처럼 짧은 심지를 하고 하늘거렸다.

도련님이 다니는 학교가 있는 삼거리에는 전기가 들어와 텃밭을 갖지 못한 가난한 사람들은 냉장고를 이용해 일주일 보름 단위로 먹을 것을 장만해야 하지만 하늘 아래 첫물을 마시고 사는 재벌가의 사람들에게는 어울리지 않았다. 바지런하기도 한 안방마님은 매일 저리고 무치는 수고를 아끼지 않아 항상 선식이 되게 하셨고 준비과정도 일 년에 걸쳤다.

고추는 완전 빨개진 끝물을 아침이면 햇볕에 밤이면 소죽

끓여 따뜻한 아랫목에 모시행주로 일일이 닦아 말려 가루로 만들면 핏빛에 서럽게 울다가 스스로 이우는 앵두 같은 것만 쓰셨고 고사리도 첫순만을 골라 얼마나 정성을 들이시는지 판자로 설피 엮어진 밖의 광에 얹혀져 손님이 오거나 특별한 날이면 댓가지 같은 기개로 있다가 마님이 쓰다듬으면 첫순의 부드러움으로 돌아가 있었다.

여름 감자꽃이 지면 재벌가의 사람들은 모처럼 모여 일을 했다. 대궁을 잡고 다음 대궁 전에서 호미로 긁으면 감자들은 어둡고 먼 길의 얘기들을 불쑥불쑥 쏟아 냈고 밭자락 끝에는 솥단지가 끓고 있었다. 그리고는 첫 곡식은 굽지 말라는 윗대의 말씀에 따라 호물호물 녹아드는 감자에 입천장이 벗겨지는 것도 몰랐다.

재벌가의 사람들은 도련님 공부에 아무도 관심을 갖지 않아 숙제나 준비물을 한 번도 해 본 적이 없는 도련님이지만 걱정은 없었다. 열심히 공부해야 하는 가난한 아이들 것을 베끼거나 빌리면 되었고 그도 여의치 않으면 이십 리를 걸어 다닌 종아리는 언제든 지불할 매가 넉넉했기 때문이었다.

셰퍼드 잡종인 부덕이는 재벌가의 여유가 그렇듯 설거지 그릇만 비우고 누구든 와서 먹을 수 있도록 그날 해서 그날 먹는 반찬이 준비되어 있었다.

어렸을 때, 방학을 해 집에 와 있는 형에게 살짝 손대다가 죽지 않을 만큼 얻어터진 후에는 음식에 손대는 일은 없어

졌지만 일방적으로 도련님 몸종을 자처했다.

아침이면 재벌가가 시작되는 입구까지 내려와 가지 마라는 것인지, 얼른 오라는 것인지 얼굴은 땅에 묻고 오른 다리를 휘휘 저었다.

가을걷이가 시작될 무렵이면 안방마님은 산행을 하셨다. 더덕이며 잔데, 삽주싹이 투실히 자랐고 갈버섯이며 능이도 널어놓은 보자기처럼 사방에 깔려 있었다. 가끔은 드문 일이기는 하지만 재벌가만이 볼 수 있는 경주도 펼쳐졌다. 부덕이가 바삐 밟는 낙엽 소리와는 반대로 산토끼는 용수철처럼 튀어 오르며 언덕을 내달았다. 평지라면 모를까 약 올리듯 약간만 앞서는 토끼의 눈에 두려움 따위는 없었다.

다시 겨울이면 재벌가는 눈의 테두리에 빠져들어 친척의 방문만 허락되고 외롭지만 궁벽한 포근함에 빠져들어 둥지 잃고 찾아온 멧새들의 합창을 들었다.

아버지는 눈 속에 땔감을 마련하느라 피곤해진 몸으로 일찍 사랑채로 나가시고 남포불이 켜진 윗목에는 화로에서 대추가 보글보글 삶아지며 할머니와 어머니가 바느질을 하시고 아랫목 들창에는 희미한 등잔 아래 할아버지께서 읊조리시는 심청전, 장화홍련전 이야기에 서걱한 두려움을 느끼지만 담대하게 맞이할 너른너른 세상도 있음을 어렴풋이 짐작할 수 있었다.

나의 하늘 아래 첫물과 호박도 어른 두 손 오므렸을 때만 한 것 아니면 먹지 않았던 섭생의 유년의 재벌은 중학교를 가면서 끝나버렸다.

냉장고 음식에 물도 끓여 먹었고 어머니가 어른들 눈을 피해 날계란에 들기름을 타 주시던 서릿발 같은 신선도 다시는 만날 수 없이 이제는 돌아가도 반겨 주는 이 없는 재벌가는 기억 속으로 가라앉았다.

갓바위에서 출발

꼭 갓을 쓴 노인처럼, 가만히 바라다보면 졸음을 하거나 명상에 감은 듯한 눈도 스쳐간다. 생각건대 이는 분명 풍화에 의한 것은 아닐 것이고 먼 옛날 바닷물이 지금의 남은 초립 밑에서 들며 나며 만들어진 흔적이라고 상상된다. 참으로 긴 시간이었을 것이다.

그때 사람들은 최초의 질서를 만들어 갔을 것이다. 인간의 대의는 다수를 위한 벤덤의 표현을 빌리자면 '최대 다수의 최대 행복' 이라는 공리로 항해를 시작했어야만 했을 것인데 가장 좋은 방법은 질서에 의존하는 길이 되었을 것이다.

강력한 통치의 방법을 찾기 전, 질서만이 안전과 생산을 보증할 수 있었을 것이다. 군인의 계급이 이등병, 일병, 상병, 병장으로 진급을 하는데, 하나인 사람은 이병, 진급을 하고 나서야 일병이 되는 것은 비로소 하나의 목숨을 책임지고 보살피는 일은 맡긴다는 것이어서 상병이 되면 둘, 병장이 되면 최소 셋을 말 그대로 전시라는 가정 하에 돌보아야 하는 것이다.

질서의 입장에서 높아진다는 것은 낮아지는 것으로 돌보아야 할 사람이 잘 있는가 수고로운 일임에도 그것이 잘 수

행이 되면 한 몸이 되어 공동운명체로 확대되는 것인데, 이는 다름 아닌 처음의 가족공동체에서 태동되었다.

아랫사람은 어른을 공경하고 어른은 양보하고 질서는 그러니까 강력한 힘이 편만해 위엄스럽게 다스려지는 것이 아니라 배려라는 길을 따라가는 순서읽기, 동물과 다른 인간의 상상력이다.

'문명은 상상력의 소산이다.'

다소 과장처럼 들릴지 모르겠지만 괭이를 만들고 보습을 만든 사람은 자기의 필요에 의해서가 아니라 아버지가 혹은 아들이 힘들게 손으로 하는 것이 가슴 아팠던 애통이 괭이로 보습으로 상상의 여행을 떠나게 했을 것이다.

하지만 생산력이 커지는 일은 반가운 일만은 아니어서 비질서를 잉태할 수밖에 없는데, 순서를 허물어서라도 자기 것이라 우기는 '씨팔놈' -씨를 팔아서라도 먹고 즐기는 순서읽기에 전혀 동참하지 않음이니 마을의 족장이나 할아버지는 그 사람을 불러 '씨팔놈' 되지 말라고 엄히 경계하고 매질이 따랐을 것이다. 마찬가지로 순서읽기에 동참하지 않는 여자는 '씨발년' -씨에 발이 있음으로 정해진 운명에 위로가 되지 못함이니 마찬가지로 호된 훈계를 들어 변하면 그 공동체에 속할 것이나 변치 않으면 성을 갈아서라도 내쳐짐이 되니 나그네(나간 애)가 되어 돌아갈 곳이 없는 애처로운 운명이 되어 필경은 도적의 무리에 가담하고 그 더러운 돈에 몸으로 위로를 팔게 되는 저주의 음성이었을 것이다.

그런데 세월이 흘러 과정은 잊혀지고 씨팔놈과 씨발년의 음성만이 남아 친할수록 아무렇지도 않게 사용하나 서로가 저주를 주고받음으로 환유력을 갖는 음성은 실제로 그렇게 만듦이니 통탄을 금할 길 없노라.

청산 입도入島

고동의 일정한 리듬은 고물에 이는 포말도 같은 모양으로 만들어 분명히 솟아나고 사라지는 빠른 움직임이지만 오래 보노라면 저장된 기억처럼 정지 화면으로 스쳐간다.

커다란 고기가 삼키고 싶었지만 완력을 이기지 못해 뭍에 뱉어 놓은 트림은 선착장에 탁하고 떨어졌다. 그러면 무사한 귀환이 기쁜 사람들은 뒤는 한 번씩 돌아보지만 미련은 없는 듯, 정말 땅일까 첫발을 딛는 감각은 바다 위에 있는 동안 분절됐던 기억마저 새롭게 연결해 주는 설렘이 된다.

음성의 환유력換喩力은 어떻게 생길까?

하룻밤을 쉬고 부흥리로 향했다. 동장군을 지더라도 시를 읊었다는 안내문이 보인다. 환유는 직관이 아니므로 순간에 생겨나지는 않는다. 대신 반복적으로 쓰고 들음으로써 서서히 형성되는데, 직관이 순간에 대한 인식을 새롭게 한다면 환유는 마음의 태胎를 새로이 만들 수도 있음에 축복과 저주의 양면을 갖는다. 가난하지만 마음이 부요하여 주위에 위로가 되는 사람과, 부족함이 없어 보여도 항상 탐심으로 소란케 하는 사람으로……

'짭새' 와 '짱개' 의 환유력은 어떠한가?

이 여행은 이름의 연원을 모르는 가정에서 시작하겠다. 실제로 그 시대를 살지 않았으므로 오로지 환유의 힘만으로 여행을 떠나려 한다.

두 이름 다 변화의 과정은 모르지만 예사말은 아닌 거센소리임은 느껴진다. 그것은 그 말을 듣는 경찰은 눈살을 찌푸리고 내뱉는 사람도 얼른 피하는 과정에서 뭔가가 잘못됐다는 인상을 갖기 때문이고 배달을 하는 어린아이는 이유도 모르면서 눈물을 흘린다.

'짭새'

포졸들은 말이 없으므로 몇 날 며칠을 걸어 다니며 범죄자를 잡아야 했을 것이고 기동성을 갖기 위해선 주막을 이용할 수밖에 없었을 것이다. 주막에 들어선 그들은 관아의 사람이므로 보통의 사람들은 자리를 비켜 주고 노고를 치하했을 것이고 그들은 '어떤 놈 잡으러 가는 길이지' 그러다 급한 전갈이라도 받으면 '잡으러 가세' 라고 외쳤을 것이다. 그러면 그 자리에 있던 아직 수배되지 않은 도적의 하수인은 샛길로 빨리 달아나 무리에게 달려가 '짭새' 떴다고 고해 은신하게 했을 것이다.

그렇게 세월이 흘러 산중을 나온 단어는 도적놈의 저주가 담긴 음성임은 모른 채, 아직도 저주로 떠돌고 있다.

'짭새' 라는 단어를 발화하는 사람은 분명 사소한 일이라도 자기가 경찰 눈을 피해 죄를 졌음이 분명하다.

'짱개'

먹여 줄 사람만 있어도 고마운 시절, 어린 나이에 부모 슬하를 떠나야 했던 가난한 아이들은 받아 줄 수 있는 곳이 중국집 야마꼬(꼬마야)여서 온갖 천대와 멸시 속에서도 이를 악물고 버텨야 했을 것이다. 눈 밖에 벗어나 쫓겨나기라도 한다면 목구멍이 포도청인 인생에서 자칫 도적의 무리에 끼일 것이 분명하니 버리는 밥을 준다 해도 그저 고마울 따름이니 자기들끼리 모여 시름을 달랠 때 '짜장면집 개새끼' 라고 주인을 욕하는 것이 유일한 위로였을 것이다.

그런 짱개가 위로를 전혀 모르는 문화꾼들에 의해 널리 퍼져 또 저주를 나르고 있다.

환유하는 힘은 마음의 태를 바꿀 수도 있음이니 어서 두 가지의 저주를 불러들여 앞의 것은 다시 깊은 산중으로 뒤의 것은 아직도 악덕이 남아 있다면 그집 주인에게 돌려보냄이 마땅하다.

아직 피서를 위한 제철은 아니라 사람은 많지 않았지만 그래도 지리 해수욕장 솔밭에는 텐트가 서너 개 세워지고 있었다.

레저와 유랑은 분명 다르겠지만 환유에선 닮은 게 많다. 유랑이 정착할 새 땅을 찾는 고단한 여행이라면 레저는 정착한 땅에서 뭔가의 결핍, 새 질서를 찾아보는 여행이기 때문이다. 그러니까 형식은 다르지만 갈구에 대한 욕망은 같아서 비슷한 방법을 보인다. 나무를 주워 고기를 굽고, 아무 눈치 볼 필요없음에 소란스런 대화를 나누고 밤이 늦으면 달빛에 손을 씻고 잠이 든다. 그리고 아침이면 여름이라도 서늘한 이슬에 먼저 세수를 해야 어제와는 다른 새 태양이 솟아 또 다른 길을 안내해 줄 것이다.

서편제의 촬영 장소였던 돌담길을 걷는다. 여행의 끝이란 무엇일까? 득음得音을 하나의 목표로 상정한다면 왜 노력만으로 되지 않고 눈이 머는 희생제의犧牲祭儀를 거쳐서야 이루어지는 것일까 -그것은 그 사람만이 갖는 새로운 형식이기 때문이고 인생 자체가 형식이 되기 때문이다. 다시 말하면 과정의 고통을 견뎌 내며 환유된 것이다.

돌부처가 돌아앉는다

실제로 돌부처를 돌려놓는다고 무슨 일이 벌어지진 않는다. 하지만 환유력에선 운명적인 힘이 된다. 그러할만한 핍절乏絕의 사정이 있어 물론 쉬운 결정은 아니었을 테지만, 아이 때 어쩌면 더 잘 키워 줄 수 있으리라는 믿음으로 새엄마를 들이면 공손하면 공손한 대로 불손하면 불손한 대로 환유의 길을 따라 낳아 준 엄마를 찾아감이니,

공손이 기르면 딱 이제 하늘을 열기에 좋다 할 때 목을 매 운명으로 돌아가고 불손이 기르면 남에 대한 저주로 패악을 하고도 잘못임을 깨닫지 못한다.

돌부처가 또 돌아앉는 경우가 있는데, 자기 손주가 나올 경로가 마음에 들지 않는 노인에게서다. 열심히 살아 기반도 노년을 지내기에 부족함이 없어 보이지만 운명에게 들고 갈 노자가 없음이니 또한 홀연히 목을 매 빈손으로 운명에게 돌아가는 것이니 -세상은 돌부처가 돌아앉은 것을 기록할 수 없으니 자살이라 끝을 맺는다.

보적산 범바위로 가는 길은 원형 그대로 포장이 되어 있어 돌아나가면 급경사 그 끝에 또 가파른 언덕이 이어지고 있었다. 산을 오르는 이유 중의 하나가 내 상상력보단 쉽지 않아 힘은 들지만 어쩌면 산이 나를 오라 하는 건지도 모를 일이다.

전망대 쪽은 공사가 진행되고 있어 반대편으로 올라가 중턱쯤에 시야가 트인 곳에 앉았다. 날씨도 맑아 내 눈은 노련한 화가처럼 동쪽 끝 바위에 비늘로 떨어지는 파도를 그리다가는 호랑이 등에 타면 이럴까 싶은 능선을 따라 오롯이 자리 잡은 집들을 담아내고 있었다.

질서는 존재도 구속력을 갖는 것도 아닌데 과연 어떻게 가능할까? 그것은 놀랍게도 거짓말이었다. 힘든 노동의 연속이지만 위는 아래로 아래는 위로 나는 괜찮으니 조금 쉬라고 하는 거짓말, 수고를 수고로 여기지 않는 그것이었다. 문제는 질서는 진화하는 힘이 없는데, 당연히 진화되어서도 안 되지만 질서만큼이나 큰 힘으로 진화해 이제는 질서를 누르는 힘으로 자란 것이 있는데 바로 씨팔놈들의 구라였다.

구라, 아홉 개의 화려한 비단.

질서를 멍청하다 하고 수고를 바보라 부르며 자기는 방금 아홉 가지 일을 했기 때문에 그늘에 있노라고 아닌 것 같은데, 의심하면 또 아홉 개의 변명으로 허상을 현실에 지어 놓는 구라의 힘, 질서는 어떤 수고에도 숨느라 문양이 나타나지 않아 허상인가 의심받고 구라는 미리 화려한 천을 펴들어 눈을 멀게 만든다. –구라의 만개滿開, 사기와 탐욕 피와 전쟁이다.

돌아오는 길에 청산의 할머니가 갯바위에서 채취한 홍합과 비슷해 보이는 담채를 '잔돈을 가진 게 없는데' 하시길래 '처음 보는 거라 오히려 제가 감사드려요.' 식당 주인은 주문한 음식과는 별도로 맛있게 끓여내어 주었다.

담채는 양식과는 달리 따뜻한 국물임에도 뭔가 내 위장이 기능하지 못했던 것들을 쓸어내듯이 시원했다. 바다가 민물로 키우기나 한 것처럼.

할머니는 할아버지나 아버지를 대하듯, 편안히 앉지 않으시고 왼쪽 다리를 들어 고개가 절로 숙여지는 자세로 거지와 식사를 하시고 있었다. 나는 당황스럽고 화가 났지만 거지가 할머니에게 위해라도 끼칠까 봐 그 자리를 지키고 있었다. 당연히 엄마라면 그러지 말라고 당장 거지를 쫓아내라고 떼를 쓸 수도 있었지만 상대가 할머니라 조용히 지켜볼 수밖에 없었다.

거지는 나는 안중에도 없이 큰 손님이기라도 한 것처럼 편안히 앉아 할머니의 공손을 받아먹으며 원망에 찬 내 귀에는 한마디도 들어오지 않는 얘기를 할머니는 끄덕끄덕 진심으로 그 사람을 위로하고 있었지만 내게는 거지가 가지고 있을 몹쓸 병균만 오가는 것으로 여겨졌다.

이것저것 형식을 찾는 고단한 여행이 되다가 막 형식을 발견하려는 순간이었다.

그 거지 난데없이 찾아와 '시인은 들어주는 사람이고 화자는 전달하는 사람, 그러니까 음성이다.' 네 할머니에게서 받은 밥값이니라 던져 놓고 간다.

처음에 거지가 준 밥값이 얼마나 하겠느냐고 밖의 주머니에 성의 없이 넣고 다녔다. 그러다가 내가 이야기를 하고 있음을 깨닫는 순간 이 거지, 아니 위대한 스승님이 주신 밥값이 너무나 큼을 깨닫고 할머니는 알아본 스승을 미처 알아보지 못한 죄스런 마음에 언제고 만날 수만 있다면 내 상석에 모시고 할머니가 했던 공손을 이제는 내가 할 수 있으련만 어디 계신지……

목포로의 귀환

배가 등을 돌리자 청산이 서서히 멀어져 간다. 하지만 청산의 푸르름은 '속 모르고 청산에 시집가지 마라' 땅은 척박하고 물살이 거세 고기잡이도 쉽지 않은 고생길이 훤한 길임에도 담채를 주셨던 할머니도 그러했겠지만 농토가 넓지 않음으로 구들장 모양으로라도 산자락을 펴내 논을 만들고 죽어서도 그냥 가지 않고 밭둑에 초장草葬의 가묘로 살 한 점의 기운까지도 땅 위에 뿌리고서야 묻힐 수 있었던 인간의 숭고함에 대한 위대한 서사를 가지고 내 마음속에 영원히 남을 것이다.

완도에서 이왕이면 국도가 아닌 시골길로 돌아가려다 표지판도 안 보고 들어서다 보니까 해남에서 완도로 가는 철교, 그러니까 목포로 향했던 출발지점에 도로 와 버렸다. 어이없기도 했으나 시간에 쫓기는 때가 아니라 상관은 없었다.

지산의 하나에게

하나야! 아저씨는 네가 어떤 연유로 할머니와 둘이 살 게 되었는지는 알 수 없다만 아저씨가 눈으로 보고 겪은 일이기에 너에게 증언하기 위해 편지를 쓴다.

너희 할머니께서는 음식을 주문하면 눈이 하얗게 내린 추운 겨울에도 골목 끝 큰길에서 아저씨를 기다리신단다. 아저씨는 처음에는 그냥 우연으로 넘겼으나 그것이 반복되면서 알게 되었다. 할머니는 하나가 먹고 싶어 한 짜장면을 기다리고 계셨다는 것을, 아저씨가 일하는 가게와 너희 집은 조금 먼 거리여서 가깝고 다른 바쁜 음식이 배달되고 나서야 나오는 경우가 많았는데, 할머니를 알아본 아저씨는 추운 겨울에 나와 계실 것을 생각하면 마음이 아파 급기야 주방장 아저씨한테 거짓말을 하기에 이르렀다. '그 주변에 음식 값을 못 받은 것이 있는데 빨리 안 가면 나간다더라' 그렇게 너에게 배달될 음식을 먼저 하게 하고는 아저씨 일이 오토바이를 타는 위험한 일이나 더 위험해져도 상관없이 달려가 너를 향한 할머니의 정성에 배달을 한단다.

할머니는 동네에 거동도 불편하고 전화도 할 수 없는 분이 짜장면이 드시고 싶다면 차마 가게로는 전화를 못하고 밖에 나와 지나갈지 안 지나갈지 모르는 아저씨를 기다려 미안하지만 이런저런 사정이 있으니 그릇 찾으러 올 때, 한 그릇만 가져다줄 수 없느냐고 바보처럼 사죄를 할 정도로 이웃에 대한 정도 깊으시단다.

하나야! 우리는 태어날 땐 즐거운 영靈이지만 죽을 때는 혼魂이 되는 거란다. 하지만 꼭 혼으로 돌아가는 것은 아니란다. 하나가 할머니 정성대로 곱게 자라 받은 대로 할머니에게 반포反哺한다면 아저씨도 할머니가 오래오래 건강하시길 바라지만 우리에게는 어쩔 수 없는 때가 오기 마련이련다. 그때에 너의 공손함은 할머니가 혼으로 돌아가시는 것이 아니고 영이 되어 즐겁게 돌아가실 노자가 될 것이니라.

바로 하늘은 영의 소리를 들으면 기뻐서 키가 자라고 혼의 소리를 들으면 노여워서 배가 부어오른단다.

지금까지의 일에 거짓 없는 증인으로서 아저씨는 감히 확언한다. '너는 세상에서 가장 부요한 아이니라.' 너에게도 사춘기가 찾아올 것이고 정체성에 고민하는 청년의 때도 오겠지만 할머니의 손길만 기억한다면 너는 다른 모든 결핍을 문제삼지 않고 네 운명을 예쁘게 가꿀 수 있을 것이며 또 네 아이에게 유전된다면 할머니는 이 세상 사람이 아니셨을 때에도 너의 손결을 따라 영원한 영으로 계실 것이다.

아저씨가 길을 잘못 들어 처음 출발한 곳에서 너에게 편지를 씀도 어쩌면 아저씨에게도 반포의 때가 되었음이라…….

회복을 위하여

회복의 유일한 길은 다시 시작하는 것이다. – 체이즈

어떤 청년의 여자 강간 후 잔인하게 토막 살해한 사건이 일어났다. 표현할 수 없을 정도의 끔찍한 일이 '또야?' 하는 정도의 일상권에 들어왔음을 부정하기 힘든 사회적 상태에 와 있다. 지금부터 회복을 위한 묵상의 여행은 어쩌면 청년의 심리상태를 규명하는 작업이기도 하겠다.

말을 잃으면 길을 잃는다.

인간의 상상력에서는 두 개의 상징적인 세계가 존재한다. 그리고 미리 전술하지만 나의 진술은 신이나 하다못해 작은 귀신의 힘도 전혀 작용하지 않음을 밝혀 둔다. 다만 하나의 대전제 운명이라고 하는 우주적인 힘은 능히 상상할 수 있어 굳이 이름마저도 필요없는 거대하고 심원한 존재로 상상되는 대전제로서 A-Man 부연하자면 뜻이 이루어지리다를 상정한다. 이는 진화론의 객관성에 대한 한계의 의구심인데 진화론은 오히려 사회생물학적으로만 의미를 갖는다.

두 개의 세계는 질서(Cosmos)와 비질서(Chaos)로 질서의 세계에서는 선의와 온정 양보를 통해 공동선이 추구되는 데 반해 비질서의 세계에서는 시기와 탐욕으로 병렬적인 선이

거부된 참혹함만이 남게 된다. 그리고 두 세계 다 움직이는 기제는 동일한데 음성을 통한 환유력(사전적 의미 그대로 인접성을 근거로 한 연상 작용이지만 정신 더 깊어진 사유인 영혼의 영역에서는 옳든 그르든 절대성을 획득한다)으로 자가 확장한다. 그러나 지금의 세계는 질서를 바보라 부를 만큼 비질서의 팽창상태에 와 있다.

음성을 통한 자가 확장은 인간(위로와 웃음)이 되어가는 성장과정의 훈련이기도 한데 사랑의 영어표현은 Love로서 음성(Lord)과 손길(Eve)은 상상되지만 본래적인 의미의 사랑을 축소시켰다. 이는 아마도 그리스 철학의 수사가 아가페(Agape)라는 속성을 인간에게서 분리시킴으로 인해서일 것이고 여타의 그 영향권에서 자란 언어들의 함의영역도 이와 다르지 않을 것이다. 아가페는 분리되어서 상상되는 것이 아니라 음성과 손길의 일대일 관계만을 상정하는 것이 아닌 네 개의 이랑(할아버지, 할머니, 아버지, 어머니)에서 공손과 순종을 만들어 내는 기제이며 이의 가능한 확장 개별능력으로서 사회적으로는 공의公儀의 실천적 의미이며 후술되는 운명에게 돌아가는 타유他由이기도 하다.

인간, 넓게는 인생의 의미를 깨닫기 위해 많은 이들이 고행과 수도 기도를 해 왔지만 나는 의외로 공자에게서 쉬운 방법을 배운다. 수신修身 제가齊家 치국治國 평천하平天下가 위대한 학문에서 오는 게 아니라 바로 입을 닦음으로써 가능하기 때문이다. 치국자治國者의 오류의 한마디는 일상을 거짓되게 만들며 결국 영혼을 갉아내는 일이기에 치국자는 더욱 보편적 양심에 불을 밝혀 입을 닦음으로써 거짓을 능멸하고 질서를 세우는 일이 되어야 할 것이다. 개인적으로 지배적인 언술을 질서인지 비질서인지 깨닫지 못하면 말을 잃은 추종이 되어 길을 잃은 가엾은 운명이 된다.

절반의 진실-아내는 남편에게 순종하라!

원형적인 여성성(아량, 인내, 포용)은 부정되어선 안 된다. 그렇다고 남성의 지배 이데올로기도 정신적인 폭력이 된다. 그렇다고 성질만 다른 대립의 이항이 아니라 정신적인 정교한 조화를 통해 영혼의 힘을 상승시키는 인간이 질서를 향할 수 있는 관문이기도 하다.

남성은 불과 같이 가족을 향한 헌신에서 지아비夫가 되는 것이고 여성은 그 불이 고단치 않게 하여 꺼지지 않는 힘을 주는 공기와 같아서 아내는 남편에게 순종하라는 순종을 받을 만큼 강해져라가 생략된 절반의 진실이다.

하지만 인간의 삶은 공평치가 못해서 가난이라는 함정에 빠져 반목하다가 결국 자식마저도 정신적인 질서를 찾지 못하는 상태에 몰아넣게 되는데, '귀신은 속여도 사람은 못 속인다.' 에서의 사람은 바로 상상력만으로 세상을 이해하는 어린애를 일컬음이니 찬물도 함부로 못 마시는 내력이 여기에 있음이다. 언어를 이해하기 전 부모의 본이 상상력의 전의를 통해 씨도둑을 못하는 소이이니 말을 닮는 일은 영혼의 구제에까지 이른다.

그러니 남편이 도둑질과 노름하지 않음은 아내의 헌신이 자발적이어서 그 가족의 형편의 객관성을 떠나 정신적으로 물리적인 가난을 느끼지 않음이니 삶을 질서 속에서 승리할 수 있는 바탕 즉 '떡잎부터 알아본다'의 '떡잎'을 형성하게 된다.

잘못된 전승

이슬람 전승에서 간음한 여자를 친족이 살해하는 '명예살인'이 있는데, 이는 전승의 크나큰 오류이다. 친족의 의해 살해당한 여자는 미련해서 장자의 권위를 도둑맞아 하나의 하늘이 갈라지게 함으로써 세상에 전쟁을 불러온 최초의 여자에 한해서이고 나머지 여자는 간음의 원인 남편(하늘)이 부실했는지 아닌지의 여부를 가려 경중대로 처리할 일이지 결코 율법의 문제가 아니다. 이는 사려 깊은 종교학자라면 지금의 유대교와 이슬람교가 아브라함에 뿌리 두고 있음을 가책 없이 논증하는 데 별 어려움이 없을 것이다.

마지막으로 이 장에서 짚고 넘어갈 문제는 동성애에 관해서이다.

인간의 성장은 성애와의 연관성이 전혀 없는 백지와 같은 상태로 시작한다. 그리고 보육기간이 긴 만큼 백지 안에 그려지는 그림, 즉 기운이 무척 중요한데 아버지에게서는 불을 엄마에게서는 공기를 할머니에게서는 대지를 할아버지에게서는 단비와 같은 물을 만나서 그것의 조합의 정도가 평생을 살아갈 성격을 규정하게 되니, 그때의 양육의 중요성은 부연할 필요도 없다. 그렇다고 무작정 적은 용기用器에 고압의 호스로 물을 채울 수 없듯 많은 그림을 그릴 수는 없다. 그저 질서만을 담을 수 있다. 글을 깨우침은 상상력의 끝이고 인간의 질서에 적응되는 훈육을 들어야 하는 이미 어른이 되는 것이다. 그래서 운명은 자식의 잘못에 반드시 '에비야 네가 어디에 있었느냐?' 는 물음을 함으로써 둘의 일치된 관계를 따져 묻게 된다.

그런데 이 기운적인 힘을 성애와 관련하다 보니 콤플렉스(오이디푸스, 엘렉트라)를 사실인 양 받아들이고 여성이 할머니에게서 읽게 되는 대지의 신의 힘을 남근시기로 왜곡해, 인간의 삶은 완벽하지 못한 경우가 많아 네 개의 이랑(할아버지, 할머니, 아버지, 어머니)을 다 갖지 못하는 경우가 많은데, 이는 콤플렉스가 아니라 더 큰 고난의 상상력으로 부족함을 채워 더욱 강해지라는 연단이 되는 것이다.

동성애, 이것은 인간 삶에 있어서 치명적인 패배로 영혼의 자정능력을 잃어버린 것으로 표가 필요해 합법화하는 세계적인 추세는 홀로코스트의 생존자가 증언한 '악의 평범성'을 영속화하는 일이어서 프랑스에서 자녀에게 두 아버지를 두 어머니를 거부한 궐기는 또 하나의 혁명적인 일로 기록되어야 한다.

자유自由는 타유他由에 의해 제한된다

제가 오는 날은 추운 겨울밤이었어요. 산기를 느낀 엄마는 할머니를 불러 바깥채의 윗방에 들어가셨고 아버지는 애 낳는데 남정네가 기웃거린다는 핀잔을 피해 아랫마을로 약주를 드시러 가셨고 나를 배 속에 갖고도 계속 일을 하던 엄마라 그저 몇 번의 시도로 엄마에겐 고통스러웠지만 별일 없이 첫 울음을 터트렸어요. 하지만 그 서너 시간의 부산함은 할아버지에겐 엄청난 기다림의 시간이어서 차마 문을 열고 경과는 묻지 못하고 들창문 위에 침을 적셔 뚫어보려다 그러지도 못하시고 '오느냐? 오시느냐?' 하며 내가 무사히 오기를 전전반측輾轉反側하셨어요. 그러다가 사내아이가 무사히 왔다는 전갈에 땅이 꺼질 만큼 기쁜 감사기도를 하셨어요. 그리고 며칠이 지나 산후조리가 끝나진 않았지만 엄마가 거동은 할 수 있게 되었을 때의 첫 번째 방문은 할아버지셨어요. 아직 엄마밖에 모르는 나를 엄마가 '아버님 사내예요' 하고 바치는 바람에 나는 떨어지지 않으려고 기를 쓰다가 결국 울음을 터드렸는데 할아버지는 밝은 미소로 내 우는 얼굴에 자신도 모르게 오랜 기다림의 오느냐 오시느냐했던 '오냐!'를 불쑥 내뱉으셨는데 나는 그 말에 오래 들었던 것처럼 웃음까지 지었는데 할아버지도 기쁜 음성으로 '오냐 오냐'를 하셨어요. 그리고 걸음마를 다 배우고도 할아버지 들창문은 출입이 없어 도배를 새로 하지 않아 들창문을 놀이터 삼아 놀며 어른들이 할아버지 마음을 숨기려 쥐가 뚫었다는 정말 한 번만 더 침이 묻으면 뚫어질 것 같은 쥐구멍을 만지며 무사히 오기를 간절히 바라셨던 할아버지 마음을 전해 들었습니다.

집안에 개가 출산을 해도 경사인데 하물며 사람이 태어나는 일은 축복임에 틀림없다. 하지만 축생은 구태여 애비가 누구인지는 중요하지 않지만 인생은 질서를 거스르지 않았느냐가 무엇보다 중요해서 우리 조상들은 정절을 중요한 덕목으로 삼았는데, 애초의 목적은 여자를 낮은 자리에 놓은 것이 아니고 두 하늘을 볼 수 없는 여자만이 운명(아이)을 가장 잘 기르기 때문에 중매라는 근대적인 관점에선 폭력에 가까운 일이지만 좋은 경로를 선점한다는 데선 오히려 선구적인 지혜의 장치였다. 그래서 상상력에서 불의 역할(외도와 도박을 안 함)을 하는 남편은 아이에게 엄마를 존중하게 함으로써 질서를 가르치게 되는 것이다. 이 질서는 타유(to others)라는 개념 틀로 설명할 수 있는데 사랑은 다름 아닌 질서 안에서 관용과 인내 베풂을 말함이다.

그리 넉넉하지 않은 집안에서 엄마가 할아버지를 위해 맛있는 반찬을 마련했다고 가정하고 타유의 경로를 따라가 보자.

엄마는 아이에게 할아버지에게 갖다드리도록 시키게 되는데, 그것은 엄마가 직접 하게 되면 속내(내가 아버님께 잘하고 있다)를 들켜 서로가 부담스런 일이 되나 아직 어린애가 그 일을 대신함으로써 상상력의 전이를 통해 정성은 느끼지만 인간적인 부담은 없어져 할아버지는 식구 수대로 마음속에 등분한 양만 드시고는 아이에게 입맛이 없다고 밀어 놓으시면 아이는 어디 편찮으신가 염려하면서 할아버지가 드신 만큼만 먹고는 아버지에게 밀어 놓으면 아버지는 '네가 더 먹어' 라고 하시지만 질서 안에서의 아이는 고개를 저으면서 양보라는 질감의 행복을 알고 나중에는 먹을 생각도 안 했던 엄마도 아이가 먹은 만큼은 드시게 되어 타유의 경로를 따라 가장 위대한 만찬이 되는 것이다.

그러니까 타유는 다른 사람에게로의 양보를 전제로 하는 즐거운 수고가 되는 것이다.

여기에서 자유(from me)를 생각해 보자. 자유自由는 어느 대문호의 갈파처럼 최대한의 규제를 통해 얻어지므로 자유自由는 타유의 최종 목적지이기도 하다. 하지만 자유(from me)는 기실 사생아와의 투쟁의 역사를 갖는다. 동서고금을 통해 민주정을 세우기 전 왕조나 절대왕정을 가질 수밖에 없었는데 그것은 곧 힘이 통치이기 때문에 정신의 영역에서까지 자유(from me)는 없었다. 때로 선정의 때도 있었지만 그것은 하늘이 산물을 넉넉히 내는 우연에 기초하는 것이었고 전 시대를 통틀어 한 명을 위해 사는 운명이었다. 그러니까 자유自由가 상상력에서의 고통의 해방을 일컫는다면 자유(from me)는 하늘의 사람이라는 사생아와의 목숨을 건 투쟁을 통해서였다.

하지만 근대를 거치며 현대에 이르기까지 사생아의 위력은 여전한데, 마르크스의 이상은 더 큰 한 사람의 권력을 만들어 내 부모와 자식 간에도 총부리를 겨누는 최고의 비질서를 잉태하였고 아직도 한반도는 사생아의 거짓 이상으로 언제든 전쟁의 위험에 처해 있다.

사생아는 자신의 권력을 신권으로 호도하는 공통점이 있다. 그것은 거짓과 비질서를 이성적으로 눈치채지 못하게 하는 마력이 있는데, 전혀 타유가 배제된 반성적인 질문을 차단하게 되어 영혼적으로 거꾸로 가고 있음에도 언제나 진보하는 것처럼 위장하게 된다.

하지만 진짜 진보(progress)는 새로운 사상이나 이념의 낡은 틀이 아니라 인간이 영혼의 영역에서 잃어버린 근원의 상실을 되찾는(research) 여행이어서 철학의 몫이 아닌 시인의 영역이 된다.

그러면 진보를 가능케 하는 시인의 역할은 무엇일까? 근원으로서의 상실의 회복, 분명 그것은 단단한 질서의 세계이지만 위엄이 편만한 상태가 아니라 타유로서 이르는 자유自由상태일 것이다.

즉, 자유(from me)가 나의 신권神權이 아닌 타유의 정제를 거쳐 공의의 자유自由가 되는 것이다. 그럴려면 예禮로써 들어주고 연민으로 애통하며 위로의 낮은 혹은 부드러운 목소리가 될 것이다.

이가 두 개 난 아기와 잠시 산책을 한다. 풀을 만지게 하고 도로의 볼록거울에 비춰 보고 차 소리, 바람 소리를 할 수 있는 한 쉽게 설명하려고 어린아이처럼 재잘거린다. 그러다 보면 문득문득 아이의 눈에 미소에 놀랄 만한 경의의 순간이 옴을 느낀다. 엄마는 이 시기에 신보다 위대한 수호자다.

페미니즘, 꿀처럼 달게 느껴지는 뉘앙스를 가지고 있다. 하지만 이것은 사생아의 차원을 넘어 영혼파괴다.

여성 자체로의 완전한 인격적 독립, 설령 그것이 이루어진다 해도 무엇이 남겠는가? 섹시함의 상상력의 이름값인 천박함(The cheapest)이 득세하고 여성이 자기 몸을 귀히 여기지 않는다면 세상은 영혼의 진공상태(zero tolerence)를 벗어나지 못할 것이다. 페미니즘은 개별 국가 상황에서 여성이 못된 남편에게 구속당하지 않고 거리에서 해코지 당하는 일이 없는 어린아이와 마찬가지로 사회적 보호대상으로 인식시키는 일이 되어야 할 것이고 가정에서의 위치는 이미 진술되었다.

이 여행의 마지막은 교정의 문제로 정해 본다.

머리 검은 짐승은 거두지도 말라, 애초에 질서를 잃어버린 사람은 그 사람이 뿌리는 비질서는 당하는 당사자뿐만 아니라 사회적으로도 많은 비용을 초래케 하는데, 이미 줄기가 되어 버린 성인을 교정하는 일은 쉬운 일이 아니어서 오히려 수감을 통해 더 대범해지고 수법도 진화되고 마는데, 그나마 방법이 있다면 교정의矯正醫를 두어 왜 질서를 오해했는지 음성으로 혹은 상황극으로 다시금 환유의 길을 걸을 수 있도록 돕는 것이 나름의 방법으로 여겨진다. 그리고 떡잎에 해당하는 미성년의 범죄는 부모의 회개 없이 돌릴 방법이 없으니 부모도 상상력에서 같은 형을 받고 근신하며 아이 곁에 자주 서야 할 것이다.

세상이라는 이 이상한 거래소는 공짜가 없어 주인으로 살면 주인으로 돌아가고 종으로 살면 종으로 돌아가니 쉴러의 예더맨이 가져갈 게 없었던 것과 카뮈의 헌신도 상상력의 공간인 영혼의 영역에서 타유에 있어 사랑은 네가 걸어서 와야 할 길에 내 따뜻한 체온으로 앉을 의자를 마련하고 네가 가야 할 길에 내가 좋은 날 신으려고 아껴 두었던 고운 버선을 미련 없이 넣고 너의 수고를 덜기 위해 안색을 살펴 피곤한 말을 줄이게 하고 따뜻한 시냇가를 바지런하게 정갈해 버드나무 가지에선 파랑새가 둥지를 틀고 속이 훤히 보이는 피라미는 놀라 달아나지 않는다.

진리는 부당한 권력의 전복이어서 거센 반대를 만나겠지만 꼭 그만큼의 힘으로 질정하게 될 것이어서 인간의 상상력, 즉 영혼은 시방새(방금 새가 됨)의 거짓 음성으로부터 자신을 스스로 구제하여야 할 것이다.

햇볕이 강할수록 물빛이 고와진다.

운명에게 가는 길

새색시의 아미 같은
월호마을은
저수지 사이로 갈래를 이루며
무장한 봄비에 저항할 기색 없이 지금까지
가지고 있던 겨울을 내어 준다.

운명을 읽는 사람은
통절의 아픔을 느껴
눈물이 그치질 않지만
너무 아파 애통하는 지점에서
환희에 차오르는 운명의 음성을 듣는다.

사특을 지혜로 여겼던 자는
베옷을 입고 형을 찾을 것이고
미련했던 여자는
이제 부끄럼을 벗어나
베일을 벗고 전사가 아닌 웃는 낯으로 아이를 양육하리라.

나는 저주가 아닌
온전함이니
내게 오는 길에 저주의 문양으로
기억하지 말고
오로지 너의 수고로 타는 등잔임을
기억하라

궁窮이 내 처소이거늘
집과 예배는 하찮은 것이라
어떤 운명에 거하든
수고한 자만이 내 낯빛을 볼 것이니라.

땅의 일은 땅에서
매듭이 풀어져야지
결코 하늘이 신원치 않으리라.

이제 출산을 준비하는 까치가
빗속에 나뭇가지를 물어나르느라
부지런하다.

후기

저는 아무런 타이틀이 없는 관계로 제 소개 겸, 글이 태어나는 경로를 말씀드리고자 합니다. 우선 시인은 예로써 들어주는 사람입니다. 그것은 자연에게도 마찬가지여서, 항상 연민으로 접지接紙할 수 있는 상태여서 글로 표현되었다 해도 위로의 음성을 가지게 됩니다. 선무당 사람잡는 식의 위로가 아닌 상대에 대한 애통의 음성입니다. 연민은 동정과 다른 감동의 포자입니다. 읽는 이로 하여금 정신적인 개화를 돕게 만드는 굉장히 고단한 작업입니다. 제한이 가해지게 되는 것입니다. 깊은 사유이되 너른 개울로 남아도 안 되는 그저 바위 밑에 솟아나는 작은 샘물같아야 하고, 선부른 경구가 아닌 연륜의 단순함(물론 상상력에서)이어야 하고, 생경한 진실은 과학 잡지로 가야 할 것이고 시대에 대한 익숙함으로 드러나야 합니다. 시심詩心이 되어야 한다는 것입니다.

하늘을
한날에 날고
한날을
하늘에 펼쳐

고단하지만 균질을 얻은 영혼은 하늘과
한날을
한 알에 새겨넣는다.

이 시심의 무장정도가 질서와 비질서로 구성된 세계에서 진실을 추구할 수 있는 힘이 되어주는 것입니다. 제 이야기(시란 단어보다 음성이 된다는 것은 이야기로 적는 것이 나을 듯 합니다)의 시작입니다. 최초의 인간은 창조론적이거나 진화의 입장으로라도 신적인 기운 혹은 신이 분명할 겁니다. 운명이라 이름할 수밖에 없는, 그리고 신화적인 기록에서 인간이 등장하는 것은 역사에 지나지 않을 것입니다. 운명은 배경으로 사라지고 오로지 인간의 일인, 그리고 전승의 오류, 아버지 누웠던 자리는 밟지도 마라, 간음한 여자의 친족에 의한 살인, 제가 이른 결론은 이렇습니다. 하나님은 아버지고 구체적으로 장자의 권위입니다. 저는 코란을 구경한 적도 없는데 운명에게 가는 길에서 초승달을 상징하는 건 모든 게 우연입니다. 이제 세상은 시원始原에 서서 왜곡된 질서에 대해 고민해볼 때입니다. 사랑의 질서로 회복하는 일이지요. 운명은 사랑하는 자의 것입니다. 하지만 그것은 전적으로 인간의 일입니다.

변증법의 그늘

초판1쇄 찍은 날 | 2014년 7월 14일
초판1쇄 펴낸 날 | 2014년 7월 20일

지은이 | 최재영
펴낸이 | 송광룡
펴낸곳 | 심미안
등록 | 2003년 3월 13일 제05-01-0286호
주소 | 503-841 광주광역시 동구 천변우로 487(학동) 2층
전화 | 062-651-6968
팩스 | 062-651-9690
전자우편 | simmian21@hanmail.net

값 10,000원
ISBN 978-89-6381-127-7 03810

잘못된 책은 바꿔드립니다.